कबीरदास

कबीरदास

सम्पादित
फाल्गुनी राठौर

JPD
JAWAHAR PUBLISHERS & DISTRIBUTORS

First published in India in 2017 by
JAWAHAR PUBLISHERS & DISTRIBUTORS, Delhi

ISBN: 978-93-86535-11-5

JAWAHAR PUBLISHERS & DISTRIBUTORS
46, Samachar Apartment, Mayur Vihar-I,New Delhi 110091
Email: jawaharpdd@gmail.com Mobile: 9654054681

Printed and Bound in
Delhi

₹ 650/-

कबीरदास

अनुक्रम

1

कबीर का जीवन परिचय

बीर (जन्म– सन् 1398 काशी – मृत्यु– सन् 1518 मगहर) का नाम कबीरदास, कबीर साहब एवं संत कबीर जैसे रूपों में भी प्रसिद्ध है। ये मध्यकालीन भारत के स्वाधीनचेता महापुरुष थे और इनका परिचय, प्रायः इनके जीवनकाल से ही, इन्हें सफल साधक, भक्त कवि, मतप्रवर्तक अथवा समाज सुधारक मानकर दिया जाता रहा है तथा इनके नाम पर कबीरपंथ नामक संप्रदाय भी प्रचलित है। कबीरपंथी इन्हें एक अलौकिक अवतारी पुरुष मानते हैं और इनके संबंध में बहुत सी चमत्कारपूर्ण कथाएँ भी सुनी जाती हैं। इनका कोई प्रामाणिक जीवनवृत्त आज तक नहीं मिल सका, जिस कारण इस विषय में निर्णय करते समय, अधिकतर जनश्रुतियों, सांप्रदायिक ग्रंथों और विविध उल्लेखों तथा इनकी अभी तक उपलब्ध कतिपय फुटकल रचनाओं के अंतः साध्य का ही सहारा लिया जाता रहा है। फलतः इस संबंध में तथा इनके मत के भी विषय में बहुत कुछ मतभेद पाया जाता है।

संत कबीर दास हिंदी साहित्य के भक्ति काल के इकलौते ऐसे कवि हैं, जो आजीवन समाज और लोगों के बीच व्याप्त आडंबरों पर कुठाराघात करते रहे। वह कर्म प्रधान समाज के पैरोकार थे और इसकी झलक उनकी रचनाओं में साफ झलकती है। लोक कल्याण हेतु ही मानो उनका समस्त जीवन था। कबीर को वास्तव में एक सच्चे विश्व – प्रेमी का अनुभव था। कबीर की सबसे बड़ी विशेषता यह थी कि उनकी प्रतिभा में अबाध गति और अदम्य प्रखरता। समाज में कबीर को जागरण युग का अग्रदूत कहा जाता है।

डॉ. हजारी प्रसाद द्विवेदी ने लिखा है कि साधना के क्षेत्र में वे युग – युग के गुरु थे, उन्होंने संत काव्य का पथ प्रदर्शन कर साहित्य क्षेत्र में नव निर्माण किया था।

जीवन परिचय

संत कबीरदास हिंदी साहित्य के भक्ति काल के इकलौते ऐसे कवि हैं, जो आजीवन समाज और लोगों के बीच व्याप्त आडंबरों पर कुठाराघात करते रहे। वह कर्म प्रधान समाज के पैरोकार थे और इसकी झलक उनकी रचनाओं में साफ झलकती है। लोक कल्याण हेतु ही मानो उनका समस्त जीवन था। कबीर को वास्तव में एक सच्चे विश्व – प्रेमी का अनुभव था। कबीर की सबसे बड़ी विशेषता यह थी कि उनकी प्रतिभा में अबाध गति और अदम्य प्रखरता थी। समाज में कबीर को जागरण युग का अग्रदूत कहा जाता है।

जन्म

कबीरदास के जन्म के संबंध में अनेक किंवदन्तियाँ हैं। कबीर पन्थियों की मान्यता है कि कबीर का जन्म काशी में लहरतारा तालाब में उत्पन्न कमल के मनोहर पुष्प के ऊपर बालक के रूप में हुआ। कुछ लोगों का कहना है कि वे जन्म से मुसलमान थे और युवावस्था में

स्वामी रामानंद के प्रभाव से उन्हें हिन्दू धर्म की बातें मालूम हुईं। एक दिन, एक पहर रात रहते ही कबीर पंचगंगा घाट की सीढ़ियों पर गिर पड़े। रामानन्द जी गंगा स्नान करने के लिये सीढ़ियाँ उतर रहे थे कि तभी उनका पैर कबीर के शरीर पर पड़ गया। उनके मुख से तत्काल राम–राम शब्द निकल पड़ा। उसी राम को कबीर ने दीक्षा–मन्त्र मान लिया और रामानन्द जी को अपना गुरु स्वीकार कर लिया। कबीर के ही शब्दों में–

हम कासी में प्रकट भये हैं,

रामानन्द चेताये।

कबीरपंथियों में इनके जन्म के विषय में यह पद्य प्रसिद्ध है–

चौदह सौ पचपन साल गए, चन्द्रवार एक ठाठ ठए।

जेठ सुदी बरसायत को पूरनमासी तिथि प्रगट भए।

घन गरजें दामिनि दमके बूँदे बरषें झर लाग गए।

लहर तलाब में कमल खिले तहँ कबीर भानु प्रगट भए,

जन्मस्थान

कबीर के जन्मस्थान के संबंध में तीन मत हैं : मगहर, काशी और आजमगढ़ में बेलहरा गाँव।

मगहर के पक्ष में यह तर्क दिया जाता है कि कबीर ने अपनी रचना में वहाँ का उल्लेख किया है : पहिले दरसन मगहर पायो पुनि कासी बसे आई अर्थात् काशी में रहने से पहले उन्होंने मगहर देखा। मगहर आजकल वाराणसी के निकट ही है और वहाँ कबीर का मकबरा भी है।

कबीर का अधिकांश जीवन काशी में व्यतीत हुआ। वे काशी के जुलाहे के रूप में ही जाने जाते हैं। कई बार कबीरपंथियों का भी यही विश्वास है कि कबीर का जन्म काशी में हुआ। किंतु किसी प्रमाण के अभाव में निश्चयात्मकता अवश्य भंग होती है।

बहुत से लोग आजमगढ़ जिले के बेलहरा गाँव को कबीर साहब का जन्मस्थान मानते हैं।

वे कहते हैं कि 'बेलहरा' ही बदलते–बदलते लहरतारा हो गया। फिर भी पता लगाने पर न तो बेलहरा गाँव का ठीक पता चला पाता है और न यही मालूम हो पाता है कि बेलहरा का लहरतारा कैसे बन गया और वह आजमगढ़ जिले से काशी के पास कैसे आ गया ? वैसे आजमगढ़ जिले में कबीर, उनके पंथ या अनुयायियों का कोई स्मारक नहीं है।

माता–पिता

कबीर के माता– पिता के विषय में भी एक राय निश्चित नहीं है। नीमा और नीरु की कोख से यह अनुपम ज्योति पैदा हुई थी, या लहर तालाब के समीप विधवा ब्राह्मणी की पाप– संतान के रुप में आकर यह पतितपावन हुए थे, ठीक तरह से कहा नहीं जा सकता है। कई मत यह है कि नीमा और नीरु ने केवल इनका पालन– पोषण ही किया था। एक किवदंती के अनुसार कबीर को एक विधवा ब्राह्मणी का पुत्र बताया जाता है, जिसको भूल से रामानंद जी ने पुत्रवती होने का आशीर्वाद दे दिया था।

एक जगह कबीर ने कहा है :–

जाति जुलाहा नाम कबीरा

बनि बनि फिरो उदासी।

कबीर के एक पद से प्रतीत होता है कि वे अपनी माता की मृत्यु से बहुत दुःखी हुए थे। उनके पिता ने उनको बहुत सुख दिया था। वह एक जगह कहते हैं कि उसके पिता बहुत "गुसाई" थे। ग्रंथ साहब के एक पद से विदित होता है कि कबीर अपने वयनकार्य की उपेक्षा करके हरिनाम के रस में ही लीन रहते थे। उनकी माता को नित्य कोश घड़ा लेकर लीपना पड़ता था। जबसे कबीर ने माला ली थी, उसकी माता को कभी सुख नहीं मिला। इस कारण वह बहुत खीज गई थी। इससे यह बात सामने आती है कि उनकी भक्ति एवं संत– संस्कार के कारण उनकी माता को कष्ट था।

बचपन

कबीरदास का लालन–पालन जुलाहा परिवार में हुआ था, इसलिए उनके मत का महत्त्वपूर्ण अंश यदि इस जाति के परंपरागत विश्वासों से प्रभावित रहा हो तो इसमें आश्चर्य की कोई बात नहीं है। यद्यपि जुलाहा शब्द फारसी भाषा का है, तथापि इस जाति की उत्पत्ति के विषय में संस्कृत पुराणों में कुछ–न–कुछ चर्चा मिलती ही है। ब्रह्मवैवर्त पुराण के ब्रह्म खंड के दसवें अध्याय में बताया गया है कि म्लेच्छ से कुविंदकन्या में जोला या जुलाहा जाति की उत्पत्ति हुई है। अर्थात म्लेच्छ पिता और कुविंद माता से जो संतति हुई वही जुलाहा कहलाई।

जुलाहा

जुलाहे मुसलमान है, पर इनसे अन्य मुसलमानों का मौलिक भेद है। सन् 1901 की मनुष्य–गणना के आधार पर रिजली साहब ने 'पीपुल्स ऑफ इंडियाश' नामक एक ग्रंथ लिखा था। इस ग्रंथ में उन्होंने तीन मुसलमान जातियों की तुलना की थी। वे तीन हैं: सैयद, पठान और जुलाहे। इनमें पठान तो भारतवर्ष में सर्वत्र फैले हुए हैं पर उनकी संख्या कहीं भी बहुत अधिक नहीं है। जान पड़ता है कि बाहर से

आकर वे नाना स्थानों पर अपनी सुविधा के अनुसार बस गए। पर जुलाहे पंजाब, उत्तर प्रदेश, बिहार और बंगाल में ही पाए जाते हैं। जिन दिनों कबीरदास इस इस जुलाहा–जाति को अलंकृत कर रहे थे उन दिनों, ऐसा जान पड़ता है कि इस जाति ने अभी एकाध पुश्त से ही मुसलमानी धर्म ग्रहण किया था। कबीरदास की वाणी को समझने के लिए यह निहायत जरूरी है कि हम इस बात की जानकारी प्राप्त कर ले कि उन दिनों इस जाति के बचे–कुचे पुराने संस्कार क्या थे।

उत्तर भारत के वयनजीवियों में कोरी मुख्य हैं। बेन्स जुलाहों को कोरियों की समशील जाति ही मानते हैं। कुछे पंडितों ने यह भी अनुमान किया है कि मुसलमानी धर्म ग्रहण करने वाले कोरी ही जुलाहे हैं। यह उल्लेख किया जा सकता है कि कबीरदास जहाँ अपने को बार–बार जुलाहा कहते हैं,

(1) जाति जुलाहा मति कौ धीर। हरषि गुन रमै कबीर।

(2) तू ब्राह्मन मैं काशी का जुलाहा।

वहाँ कभी–कभी अपने को कोरी भी कह गए हैं।, ऐसा जान पड़ता है कि यद्यपि कबीरदास के युग में जुलाहों ने मुसलमानी धर्म ग्रहण कर लिया था पर साधारण जनता में तब भी कोरी नाम से परिचित थे।

सबसे पहले लगने वाली बात यह है कि कबीरदास ने अपने को जुलाहा तो कई बार कहा है, पर मुसलमान एक बार भी नहीं कहा। वे बराबर अपने को श्ना–'मुसलमान' कहते रहे। आध्यात्मिक पक्ष में निस्संदेह यह बहुत ऊँचा भाव है, पर कबीरदास ने कुछ इस ढंग से अपने को उभय–विशेष बताया है कि कभी–कभी यह संदेह होता है कि वे आध्यात्मिक सत्य के अतिरिक्त एक सामाजिक तथ्य की ओर भी इशारा कर रहे हैं। उन दिनों वयनजीवी नाथ–मतावलंबी गृहस्थ

योगियों की जाति सचमुच ही 'ना–हिंदू ना–मुसलमान' थी। कबीरदास ने कम–से–कम एक पद में स्पष्ट रूप से स्वीकार किया है कि हिंदू और हैं, मुसलमान और हैं और योगी और हैं, क्योंकि योगी या जोगी श्गोरख–गोरख करता है, हिंदू 'राम–राम' उच्चारता है और मुसलमान 'खुदा–खुदा' कहा करता है।

शिक्षा

कबीर बड़े होने लगे। कबीर पढ़े–लिखे नहीं थे– अपनी अवस्था के बालकों से एकदम भिन्न रहते थे। कबीरदास की खेल में कोई रुचि नहीं थी। मदरसे भेजने लायक साधन पिता–माता के पास नहीं थे। जिसे हर दिन भोजन के लिए ही चिंता रहती हो, उस पिता के मन में कबीर को पढ़ाने का विचार भी न उठा होगा। यही कारण है कि वे किताबी विद्या प्राप्त न कर सके।

मसि कागद छूवो नहीं, कलम गही नहिं हाथ।

उन्होंने स्वयं ग्रंथ नहीं लिखे, मुँह से बोले और उनके शिष्यों ने उसे लिख लिया।

वैवाहिक जीवन

कबीर का विवाह वनखेड़ी बैरागी की पालिता कन्या 'लोइ' के साथ हुआ था। कबीर को कमाल और कमाली नाम की दो संतान भी थी। ग्रंथ साहब के एक श्लोक से विदित होता है कि कबीर का पुत्र कमाल उनके मत का विरोधी था।

बूड़ा बंस कबीर का, उपजा पूत कमाल।

हरि का सिमरन छोडि के, घर ले आया माल।

कबीर की पुत्री कमाली का उल्लेख उनकी बानियों में कहीं नहीं मिलता है। कहा जाता है कि कबीर के घर में रात – दिन मुडियों का जमघट रहने से बच्चों को रोटी तक मिलना कठिन हो गया था। इस कारण से कबीर की पत्नी झुंझला उठती थी। एक जगह कबीर उसको समझाते हैं :–

सुनि अंघली लोई बंपीर।

इन मुड़ियन भजि सरन कबीर।

जबकि कबीर को कबीर पंथ में, बाल– ब्रह्मचारी और विराणी माना जाता है। इस पंथ के अनुसार कामात्य उसका शिष्य था और कमाली तथा लोई उनकी शिष्या। लोई शब्द का प्रयोग कबीर ने एक जगह कंबल के रुप में भी किया है। वस्तुतः कबीर की पत्नी और संतान दोनों थे। एक जगह लोई को पुकार कर कबीर कहते हैं :–

"कहत कबीर सुनहु रे लोई।

हरि बिन राखन हार न कोई।।"

यह हो सकता हो कि पहले लोई पत्नी होगी, बाद में कबीर ने इसे शिष्या बना लिया हो। उन्होंने स्पष्ट कहा है :–

"नारी तो हम भी करी, पाया नहीं विचार।

जब जानी तब परिहरि, नारी महा विकार।।"

गुरु दीक्षा

कबीर जी ने सोचा कि गुरु किये बिना काम बनेगा नहीं। उस समय काशी में रामानन्द नाम के संत बड़े उच्च कोटि के महापुरुष माने जाते थे। कबीर जी ने उनके आश्रम के मुख्य द्वार पर आकर

विनती कीः "मुझे गुरुजी के दर्शन कराओ।" उस समय जात–पाँत का बड़ा आग्रह रहता था। और फिर काशी ! वहाँ पण्डितों और पाण्डे लोगों का अधिक प्रभाव था। कबीर जी ने देखा कि हर रोज सुबह तीन–चार बजे स्वामी रामानन्द खड़ाऊँ पहनकर श्टप...टप....श आवाज करते गंगा में स्नान करने जाते हैं। कबीर जी ने गंगा के घाट पर उनके जाने के रास्ते में और सब जगह बाड़ कर दी। एक ही मार्ग रखा और उस मार्ग में सुबह के अन्धेरे में कबीर जी सो गये। गुरु महाराज आये तो अन्धेरे के कारण कबीर जी पर पैर पड़ गया। उनके मुख से उदगार निकल पड़ेः "राम... राम... राम....।" कबीर जी का तो काम बन गया। गुरुजी के दर्शन भी हो गये, उनकी पादुकाओं का स्पर्श भी मिल गया और गुरुमुख से रामनाम का मंत्र भी मिल गया। अब दीक्षा में बाकी ही क्या रहा ? कबीर जी नाचते, गाते, गुनगुनाते घर वापस आये। रामनाम की और गुरुदेव के नाम की रट लगा दी। अत्यंत स्नेहपूर्वक हृदय से गुरुमंत्र का जप करते, गुरुनाम का कीर्तन करते साधना करने लगे। जो महापुरुष जहाँ पहुँचे हैं वहाँ की अनुभूति उनका भावपूर्ण हृदय से चिन्तन करने वाले को भी होने लगती है। काशी के पण्डितों ने देखा कि यवन का पुत्र कबीर रामनाम जपता है, रामानन्द के नाम का कीर्तन करता है ! उस यवन को रामनाम की दीक्षा किसने दी ? क्यों दी ? मंत्र को भ्रष्ट कर दिया ! पण्डितों ने कबीर से पूछाः–

"रामनाम की दीक्षा तेरे को किसने दी

स्वामी रामानन्दजी महाराज के श्रीमुख से मिली।"

कहाँ दी

"सुबह गंगा के घाट पर।"

पण्डित रामानन्द जी के पास पहुँचे और कहा कि आपने यवन को राममंत्र की दीक्षा देकर मंत्र को भ्रष्ट कर दिया, सम्प्रदाय को भ्रष्ट कर दिया। गुरु महाराज ! यह आपने क्या किया ?

गुरु महाराज ने कहा– "मैंने तो किसी को दीक्षा नहीं दी।"

"वह यवन जुलाहा तो रामानन्द..... रामानन्द.... मेरे गुरुदेव रामानन्द" की रट लगाकर नाचता है, आपका नाम बदनाम करता है।"

"भाई ! मैंने उसको कुछ नहीं कहा। उसको बुलाकर पूछा जाय। पता चल जायेगा।"

काशी के पण्डित इकट्ठे हो गये। कबीर जी को बुलाया गया। गुरु महाराज मंच पर विराजमान हैं। सामने विद्वान पण्डितों की सभा बैठी है।

रामानन्दजी ने कबीर से पूछाः "मैंने तुझे कब दीक्षा दी ? मैं कब तेरा गुरु बना ?"

कबीर जी बोलेः "महाराज ! उस दिन प्रभात को आपने मेरे को पादुका का स्पर्श कराया और राममंत्र भी दिया, वहाँ गंगा के घाट पर।"

रामानन्द जी कुपित से हो गये। कबीर जी को अपने सामने बुलाया और गरज कर बोलेः "मेरे सामने तू झूठ बोल रहा है ? सच बोल...."

"प्रभु ! आपने ही मुझे प्यारा रामनाम का मंत्र दिया था...."

रामानन्दजी को गुस्सा आ गया। खडाऊँ उठाकर दे मारी कबीर जी के सिर पर।

"राम... राम...राम....! इतना झूठ बोलता है.... ।"

कबीर जी बोल उठेः "गुरु महाराज ! तबकी दीक्षा झूठी तो अबकी तो सच्ची...! मुख से रामनाम का मंत्र भी मिल गया और सिर में आपकी पावन पादुका का स्पर्श भी हो गया।"

स्वामी रामानन्द जी उच्च कोटि के संत–महात्मा थे। घड़ी भर भीतर गोता लगाया, शांत हो गये। फिर पण्डितों से कहाः "चलो, यवन हो या कुछ भी हो, मेरा पहले नम्बर का शिष्य यही है।"

ब्रह्मनिष्ठ सत्पुरुषों की विद्या या दीक्षा प्रसाद खाकर मिले तो भी बेड़ा पार करती है और मार खाकर मिले तो भी बेड़ा पार कर देती है।

मृत्यु

कबीर ने काशी के पास मगहर में देह त्याग दी। ऐसी मान्यता है कि मृत्यु के बाद उनके शव को लेकर विवाद उत्पन्न हो गया था। हिन्दू कहते थे कि उनका अंतिम संस्कार हिन्दू रीति से होना चाहिए और मुस्लिम कहते थे कि मुस्लिम रीति से। इसी विवाद के चलते जब उनके शव पर से चादर हट गई, तब लोगों ने वहाँ फूलों का ढेर पड़ा देखा। बाद में वहाँ से आधे फूल हिन्दुओं ने ले लिए और आधे मुसलमानों ने। मुसलमानों ने मुस्लिम रीति से और हिंदुओं ने हिंदू रीति से उन फूलों का अंतिम संस्कार किया। मगहर में कबीर की समाधि ा है। जन्म की भाँति इनकी मृत्यु तिथि एवं घटना को लेकर भी मतभेद हैं किन्तु अधिकतर विद्वान उनकी मृत्यु संवत 1575 विक्रमी (सन 1518 ई.) मानते हैं, लेकिन बाद के कुछ इतिहासकार उनकी मृत्यु 1448 को मानते हैं।

हजारीप्रसाद द्विवेदी की कध्लम से

त्रिपुरा जिले के योगियों को पहले अग्निदाह करते हैं और फिर

समाधि भी देते हैं अर्थात मिट्टी में गाड़ भी देते हैं। कबीरदास के विषय में प्रसिद्ध है कि उनकी मृत्यु के बाद कुछ फूल बच रहे थे जिनमें से आधे को हिन्दुओं ने जलाया और आधे को मुसलमानों ने गाड़ दिया। कई पंडितों ने इस को करामाती किंवदती कहकर उड़ा दिया है, पर मेरा अनुमान है कि सचमुच ही कबीरदास को (त्रिपुरा जिले के वर्तमान योगियों की भाँति) समाधि भी दी गई होगी और उनका अग्नि–संस्कार भी किया गया होगा। यदि यह अनुमान सत्य है तो दृढ़ता के साथ ही कहा जा सकता है कि कबीरदास जिस जुलाहा जाति में पालित हुए थे वह एकाध पुश्त पहले के योगी जैसी किसी आश्रम–भ्रष्ट जाति से मुसलमान हुई थी या अभी होने की राह में थी। जोगी जाति का संबंध नाथपंथी सिद्धांतों की जानकारी न हो, तो कबीर की वाणियों को समझ सकना भी मुश्किल है।

2

कबीर का समकालीन समाज

महात्मा कबीरदास के जन्म के समय में भारत की राजनीतिक, सामाजिक, आर्थिक एवं धार्मिक दशा शोचनीय थी। एक तरफ मुसलमान शासकों की धर्मांन्धता से जनता परेशान थी और दूसरी तरफ हिन्दू धर्म के कर्मकांड, विधान और पाखंड से धर्म का ह्रास हो रहा था। जनता में भक्ति– भावनाओं का सर्वथा अभाव था। पंडितों के पाखंडपूर्ण वचन समाज में फैले थे। ऐसे संघर्ष के समय में, कबीरदास का प्रार्दुभाव हुआ। जिस युग में कबीर आविर्भूत हुए थे, उसके कुछ ही पूर्व भारतवर्ष के इतिहास में एक अभूतपूर्व घटना घट चुकी थी। यह घटना इस्लाम जैसे एक सुसंगठित सम्प्रदाय का आगमन था। इस घटना ने भारतीय धर्म–मत और समाज व्यवस्था को बुरी तरह से झकझोर दिया था। उसकी अपरिवर्तनीय समझी जाने वाली जाति व्यवस्था को पहली बार जबर्दस्त ठोकर लगी थी। सारा भारतीय वातावरण संक्षुब्ध था। बहुत–से पंडितजन इस संक्षोभ का कारण खोजने में व्यस्त थे और अपने–अपने ढंग पर भारतीय समाज और ध र्मदृमत को सम्भालने का प्रयत्न कर रहे थे।

भारतवर्ष कोई नया देश नहीं है। बड़े–बड़े साम्राज्य उसकी धूल में दबे हुए हैं, बड़ी–बड़ी धार्मिक घोषणाएँ उसके वायुमण्डल में निनादित हो चुकी हैं। बड़ी–बड़ी सभ्यताएँ उसके प्रत्येक कोने में उत्पन्न और विलीन हो चुकी हैं। उनके स्मृति चिह्न अब भी इस प्रकार निर्जीव होकर खड़े हैं मानों अट्टाहस करती हुई विजयलक्ष्मी को बिजली मार गई हो। अनादिकाल में उसमें अनेक जातियों, कबीलों, नस्लों और घुमक्कड़ खघनाबदोशों के झुण्ड इस देश में आते रहे हैं। कुछ देर के लिए इन्होंने देश के वातावरण को विक्षुब्ध भी बनाया है, पर अन्त तक वे दखघ्ल करके बैठ जाते रहे हैं और पुराने देवताओं के समान ही श्रद्धाभाजन बन जाते रहे हैं। कभी–कभी अधिक सम्मान भी पा सके हैं। भारतीय संस्कृति कि कुछ ऐसी विशेषता रही है कि उन कबीलों, नस्लों और जातियों की भीतरी समाजदृव्यवस्था और ध ार्मिदृमत में किसी प्रकार का हस्तक्षेप नहीं किया गया है और फिर भी उनको सम्पूर्ण भारतीय मान लिया गया है। भागवत में ऐसी जातियों की एक सूची देकर बताया गया है कि एक बार भगवान का आश्रय पाते ही ये शुद्ध हो गई हैं। इनमें किरात हैं, हूण हैं, आंध्र हैं, पुलिंद हैं, पुक्कस हैं, आभीर हैं, शुंग हैं, यवन हैं, खस हैं, शक हैं और भी निश्चय ही ऐसी बहुत सी जातियाँ हैं, जिनका नाम भागवताकार नहीं गिना गए।

समकालीन भारतीय संस्कृति

भारतीय संस्कृति इतने अतिथियों का अपना सकी थी, इसका कारण यह है कि बहुत से शुरू से ही उसकी धर्म–साधना वैयक्तिक रही है। प्रत्येक व्यक्ति को अलग से धर्मोपासना का अधिकार है। झुँड बाँधकर उत्सव हो सकते हैं, भजन नहीं। प्रत्येक व्यक्ति अपने किए का जिम्मेदार आप ही है। श्रेष्ठता कि निशानी किसी धर्म–मत को मानना या देव विशेष की पूजा करना नहीं बल्कि आचार–शुद्धि और चारित्र्य है। यदि एक आदमी अपने पूर्वजों के बताए धर्म पर दृढ़ है, चरित्र से

शुद्ध है, दूसरी जाति या व्यक्ति के आचरण की नकल नहीं करता बल्कि स्वधर्म में मर जाने को ही श्रेयस्कर समझता है, ईमानदार है, सत्यवादी है, तो वह निश्चय ही श्रेष्ठ है, फिर वह चाहे आभीर वंश का हो या पुक्कस श्रेणी का। कुलीनता पूर्वजन्म के कर्म का फल है। चारित्र्य इस जन्म के कर्म का प्रतीक है।

देवता किसी एक जाति की सम्पत्ति नहीं हैं, वे सबके हैं, और सबकी पूजा के अधिकारी हैं। पर यदि स्वयं देवता ही चाहते हों कि उनकी पूजा का माध्यम कोई विशेष जाति या व्यक्ति हो सकता है तो भारतीय समाज को इसमें भी कोई आपत्ति नहीं है। ब्राह्मण मातंगी देवी की पूजा करेगा पर मातंग के जरिए। क्या हुआ जो कि मातंग चांडाल है। राहु यदि प्रसन्न होने के लिए डोमों को ही दान देना अपनी शर्त रखते हैं तो डोम सही हैं। समस्त भारतीय समाज डोम को ही दान देकर ग्रहण के अनर्थ से चन्द्रमा की रक्षा करेगा। इस प्रकार भारतीय संस्कृति ने समस्त जातियों को उनकी सारी विशेषताओं समेत स्वीकार कर लिया। पर अब तक कोई ऐसा (मजहब) उसके द्वार पर नहीं आया था। वह उसको हजम कर सकने की शक्ति नहीं रखता था।

(मजहब) क्या है?

(मजहब) क्या है? मजहब एक संगठित धर्म–मत है। बहुत से लोग एक ही देवता को मानते हैं, एक ही आचार का पालन करते हैं, और किसी नस्ल, कबीले या जाति के विशेष व्यक्ति को जब एक बार अपने संघटित समूह में मिला लेते हैं तो उसकी सारी विशेषताएँ दूर कर उसी विशेष मतवाद को स्वीकार कराते हैं। यहाँ धर्म–साधना व्यक्तिगत नहीं, समूहगत होती है। यहाँ धार्मिक और सामाजिक विधि ानिषेध एक–दूसरे में गुंथे होते हैं। भारतीय समाज नाना जातियों का सम्मिश्रण था। एक जाति का एक व्यक्ति दूसरी जाति में बदल नहीं सकता, परन्तु मजहब ठीक इससे उल्टा है। वह व्यक्ति को समूह का

अंग बना देता है। भारतीय समाज की जातियाँ कई व्यक्तियों का समूह है, परन्तु किसी मजहब के व्यक्ति बृहत समूह के अंग हैं। एक का व्यक्ति अलग हस्ती रखता है पर अलग नहीं हो सकता, दूसरे का अलग हो सकता है, पर अलग सत्ता नहीं रखता।

मुसलमानी धर्म एक (मजहब) है। भारतीय समाज संगठन से बिल्कुल उल्टे तौर पर उसका संगठन हुआ था। भारतीय समाज जातिगत विशेषता रखकर व्यक्तिगत धर्म–साधना का पक्षपाती था, इस्लाम जातिगत विशेषता को लोप करके समूहगत धर्म–साधना का प्रचारक था। एक का केन्द्र बिन्दु चारित्र्य था, दूसरे का धर्म–मत। भारतीय समाज में यह स्वीकृत तथ्य था कि विश्वास चाहे जो भी हो, चारित्र्य शुद्ध है तो व्यक्ति श्रेष्ठ हो जाता है। फिर चाहे वह किसी जाति का भी क्यों न हो। मुसलमानी समाज का विश्वास था कि इस्लाम ने जो धर्म–मत प्रचार किया है उसको स्वीकार कर लेने वाला ही अनन्त स्वर्ग का अधिकारी है। जो इस धर्म–मत को नहीं मानता वह अनन्त नरक में जाने को बाध्य है। भारतवर्ष को ऐसे मत से एकदम पाला नहीं पड़ा था। उसने कभी यह विश्वास ही नहीं किया की उसके आचार और मत को न मानने वाली जाति का कुफ तोड़ना उसका परम कर्तव्य है। किसी और का परम कर्तव्य यह बात हो सकती है, यह भी उसे नहीं मालूम था। इसीलिए जब नवीन धर्म–मत ने सारे संसार के कुफ को मिटा देने की प्रतिज्ञा की और सभी पाए जाने वाले साधनों का उपयोग आरम्भ किया तो भारतवर्ष इसे ठीक–ठीक समझ ही नहीं सका। इसीलिए कुछ दिनों तक उसकी समन्वयात्मिका बुद्धि कुंठित हो गई। वह विक्षुब्ध सा हो उठा। परन्तु विधाता को यह कुंठा और विक्षोभ पसन्द नहीं था।

धर्माचार का पालन

ऐसा जान पड़ता है पहली बार भारतीय मनीषियों को एक

संघबद्ध धर्माचार के पालन की जरूरत महसूस हुई। इस्लाम के आने से पहले इस विशाल जनसमूह का कोई एक नाम तक नहीं था। अब इसका नाम (हिन्दू) पड़ा। हिन्दू अर्थात् भारतीय, अर्थात गैर–इस्लामी मत। स्पष्ट ही गैर–इस्लामी मत में कई तरह के मत थे। कुछ ब्रह्मवादी थे, कुछ कर्मकाण्डी थे, कुछ शैव थे, कुछ वैष्णव थे, कुछ शाक्त थे, कुछ स्मार्त्त थे तथा और भी न जाने क्या–क्या थे। हजारों योजनों तक विस्तृत और हजारों वर्षों में परिव्याप्त इस जनसमूह के विचारों और परम्परा प्राप्त मतों का एक विशाल जंगल खड़ा था। स्मृति, पुराण, लोकाचार और कुलाचार की विशाल वनस्थली में से रास्ता निकाल लेना बड़ा ही दुष्कर कार्य था। स्मार्त्त पंडितों ने इसी दुष्कर व्यापार को शिरोधार्य किया। सारे देश में शास्त्रीय वचनों की छानबीन होने लगी। उद्देश्य था कि इस प्रकार का सर्वसम्मत मत निकाल लिया जा सके, श्राद्ध–विवाह की एक ही रीति–नीति प्रचलित हो सके, उत्सन–समारोह का एक ही विधान तैयार हो सके। भारतीय मनीषा का शास्त्रों को आधार मानकर अपनी सबसे बड़ी समस्या के समाधान का यह सबसे बड़ा प्रयत्न था। हेमाद्रि से लेकर कमलाकर और रघुनंदन तक बहुतेरे पंडितों ने बहुत परिश्रग के बाद जो कुछ निर्णय किया वह यद्यपि सर्व वादि सम्मत नहीं हुआ, परन्तु निस्सन्देह स्तूपीभूत शास्त्र वाक्यों की छानबीन से एक बहुत कुछ मिलता–जुलता आचार–प्रवण धर्म–मत स्थिर किया जा सका। निबन्ध ग्रन्थों की यह एक बहुत बड़ी देन है। जिस बात को आजकल (हिन्दू–सोलिडैरिटी) कहते हैं, उसका प्रथम भित्ति–स्थापन इन निबन्ध ग्रन्थों के द्वारा ही हुआ था। पर समस्या का समाधान इससे नहीं हुआ।

इस प्रयत्न की सबसे बड़ी कमजोरी इसकी आचार–प्रवणता ही थी। जो नया धर्म–मत भारतीय जन समाज को संक्षुब्ध कर रहा था वह इस आचार को कोई महत्त्व ही नहीं देता था। उसका संगठन बिल्कुल उल्टे किनार से हुआ था। उसके मूल में ही सबको स्वीकार

करने का सिद्धांत काम कर रहा था। समस्त शास्त्रीय वाक्यों को नतशिर से स्वीकार करके ही यह असाध्य साधन किया गया था। पर जिस प्रतिद्वन्द्वी से काम पड़ा था वह बहुत वर्जनाग्रही था, अर्थात् वह निर्दयतापूर्व अन्यान्य मतों को तहस–नहस करने की दीक्षा ले चुका था और धार्मिक वर्जनशीलता ही उसका मुख्य अस्त्र था। यद्यपि वह समाज धार्मिक रूप में वर्जनशील था, पर सामाजिक रूप में ग्रहणशील था। जबकि हिन्दू समाज धार्मिक साधनों को स्वीकार कर सकता था। पर किसी व्यक्ति विशेष को धर्म–मत में ग्रहण करने का पक्षपाती नहीं था। उधर मुसलमानी समाज व्यक्ति को अपने धर्म–मत शामिल कर लेने को परम कर्तव्य समझता था। परन्तु किसी विशेष धर्म साधना को अपने किसी व्यक्ति के लिए एकदम वर्जनीय मानता था। निबन्ध ग्रन्थों ने हिन्दू को और भी अधिक हिन्दू बना दिया, पर मुसलमानों को आत्मसात करने का कोई रास्ता नहीं बताया।

इस प्रकार मुसलमानों के आगमन के साथ ही साथ हिन्दू धर्म प्रध ानतः आचार–प्रवण हो गया। तीर्थ, व्रत, उपवास और होमाचार की परम्परा ही उसका केन्द्र बिन्दु हो गई। इस समय पूर्व और उत्तर में सबसे प्रबल सम्प्रदाय नाथपंथी योगियों का था। हमने पहले ही देखा है कि लोग शास्त्रीय स्मार्त्त मत को भी नहीं मानते थे और प्रस्थानत्रयी (अर्थात् (उपनिषद), (ब्रह्मसूत्र), और (गीता) पर आधारित किसी दार्शनिक मतवाद के भी कायल नहीं थे। पर जनता का ध्यान ये आकृष्ट कर सके थे। विविध सिद्धियों के द्वारा वे काफी सम्मान और संभ्रम के पात्र बन गए थे। ये गुणातीत शिव या निर्गुण तत्त्व के उपासक थे। साधनाओं के द्वारा, जिन्हें काया–साधन कहते थे, लोग परमदृतत्त्व को पाने के प्रयासी थे। इनमें जो सिद्ध, साधक और अवध ूत थे वे घरबारी आनहीं होते थे पर उनके शिष्यों में बहुत–से आश्रमभ्रष्ट गृहस्थ थे, जो कि योगी जाति का रूप धारण कर चुके थे। हिन्दू धर्म इन आश्रमभ्रष्ट गृहस्थों का सम्मान तो करता ही न था, उल्टे

उन्हें तिरस्कार की दृष्टि से ही देखता था। ये आश्रमभ्रष्ट गृहस्थ न तो हिन्दू थे – क्योंकि वह हिन्दुओं के किसी मत या आचार के कघयल न थे – और न ही मुसलमान – क्योंकि इन्होंने इस्लाम ध ार्म–मत को स्वीकार नहीं किया था। कुछ काल के इस्लामी संसर्ग के बाद ये लोग धीरे–धीरे मुसलमानी धर्म–मत की ओर झुकने लगे, पर इनके संस्कार बहुत दिनों तक बने रहे। जब वे इसी प्रक्रिया में से गुजर रहे थे उसी समय कबीर का आविर्भाव हुआ था।

धार्मिक आन्दोलन

यहाँ दो और प्रधान धार्मिक आंदोलनों की चर्चा कर लेनी चाहिए। पहली धारा पश्चिम से आई। यह सूफी लोगों की साधना थी। मजहबी मुसलमान हिन्दू धर्म के मर्मस्थान पर चोट नहीं कर पाए थे। वे केवल उसके बाहरी शरीर को विक्षुब्ध कर सकते थे। पर सूफी लोग भारतीय साधना के अविरोधी थे। उनके उदारतापूर्ण प्रेम मार्ग ने भारतीय जनता का चित्त जीतना आरम्भ कर दिया। फिर भी ये लोग आचार प्रधान भारतीय समाज को आकृष्ट नहीं कर सके। उसका सामंजस्य आचार प्रधान हिन्दू धर्म के साथ नहीं हो सका। यहाँ पर यह बात स्मरण रखने की है कि न तो सूफी मतवाद और न योगमार्गीय निर्गुण परम–तत्त्व की साधना ही उस विपुल वैराग्य के भार को वहन कर सकी। जो बौद्ध संघ के अनुकरण पर प्रतिष्ठित था। देश में पहली बार वर्णाश्रम–व्यवस्था को एक अननुभूतपूर्व विकट परिस्थिति का सामना करना पड़ रहा था। अब तक वर्णाश्रम–व्यवस्था का कोई प्रतिद्वन्द्वी नहीं था। आचार भ्रष्ट व्यक्ति समाज से अलग कर दिए जाते थे और वे एक नई जाति की रचना कर लेते थे। इस प्रकार सैकड़ों जातियाँ और उपजातियाँ सृष्ट होते रहने पर भी वर्णाश्रम–व्यवस्था एक प्रकार से चलती ही जा रही थी। अब सामने एक जबर्दस्त प्रतिद्वन्द्वी समाज था जो कि प्रत्येक व्यक्ति और प्रत्येक जाति को अंगीकार करने को बद्धपरिकर था। उसकी एकमात्र शर्त यह थी कि वह उसके विशेष

प्रकार के धर्मदृमत को स्वीकार कर ले। समाज से दंड पानेवाला बहिष्कृत व्यक्ति अब असहाय नहीं था। इच्छा करते ही वह एक सुसंगठित समाज का सहारा पा सकता था। ऐसे समय में दक्षिण से वेदांत भावित भक्ति का आगमन हुआ, जो कि विशाल भारतीय महाद्वीप क इस छोर से उस छोर तक फैल गया। डॉ. ग्रियर्सन ने कहा था–

"बिजली के चमक के समान अचानक इस समस्त (धार्मिक मतों के) अंधकार के ऊपर एक नई बात दिखाई दी। यह भक्ति का आंदोलन है।"

इसने दो रूपों में आत्म–प्रकाश किया। पौराणिक अवतारों को केन्द्र करके सगुण उपासना के रूप में और निर्गुण परब्रह्म जो योगियों का ध्येय था, उसे केन्द्र करके प्रेम–भक्ति की साधना के रूप में। पहली साधना ने हिन्दू जाति की बाह्याचार की शुष्कता को आंतरिक प्रेम से सींचकर रसमय बनाया और दूसरी साधना ने बाह्याचार की शुष्कता को ही दूर करने का प्रयत्न किया। एक ने समझौते का रास्ता लिया, दूसरी ने विद्रोह काय एक ने शास्त्र का सहारा लिया, दूसरी ने अनुभव काय एक ने श्रृद्धा को पथ–प्रदर्शक माना, दूसरी ने ज्ञान कोय एक ने सगुण भगवान को अपनाया, दूसरी ने निर्गुण भगवन को। पर प्रेम दोनों ही का मार्ग थाय सूखा ज्ञान दोनों को अप्रिय थाय केवल बाह्याचार दोनों को सम्मत नहीं थेय आंतरिक प्रेम निवेदन दोनों को अभीष्ट थाय अहैतुक भक्ति दोनों की काम्य थीय बिना शर्त के भगवान के प्रति आत्म–समर्पण दोनों के प्रिय साधन थे। इन बातों में दोनों ही एक थे। सबसे बड़ा अंतर इनके लीला सम्बन्धी विचारों में था। दोनों ही भगवान की प्रेम लीला में विश्वास करते थे। दोनों का ही अनुभव था कि लीला के लिए इस जागतिक प्रपंच को सम्हाले हुए हैं। पर प्रधान भय यह था कि सगुण भाव से भजन करने वाले भक्त अपने आप में रमे हुए भगवान को ही परम काम्य मानते थे।

3

साहित्यिक परिचय

कबीर सन्त कवि और समाज सुधारक थे। उनकी कविता का एक–एक शब्द पाखंडियों के पाखंडवाद और धर्म के नाम पर ढोंग व स्वार्थपूर्ति की निजी दुकानदारियों को ललकारता हुआ आया और असत्य व अन्याय की पोल खोल धज्जियाँ उड़ाता चला गया। कबीर का अनुभूत सत्य अंधविश्वासों पर बारूदी पलीता था। सत्य भी ऐसा जो आज तक के परिवेश पर सवालिया निशान बन चोट भी करता है और खोट भी निकालता है।

भाषा और शैली

कबीरदास ने बोलचाल की भाषा का ही प्रयोग किया है। भाषा पर कबीर का जबरदस्त अधिकार था। वे वाणी के डिक्टेटर थे। जिस बात को उन्होंने जिस रूप में प्रकट करना चाहा है, उसे उसी रूप में कहलवा लिया–बन गया है तो सीधे–सीधे, नहीं दरेरा देकर। भाषा कुछ कबीर के सामने लाचार–सी नजर आती है। उसमें मानो ऐसी हिम्मत ही नहीं है कि इस लापरवा फक्कड़ कि किसी फरमाइश को

नाहीं कर सके। और अकह कहानी को रूप देकर मनोग्राही बना देने की तो जैसी ताकत कबीर की भाषा में है वैसी बहुत ही कम लेखकों में पाई जाती है। असीम–अनंत ब्रह्मानन्द में आत्मा का साक्षीभूत होकर मिलना कुछ वाणी के अगोचर, पकड़ में न आ सकने वाली ही बात है। पर (बेहद्दी मैदान में रहा कबीरा) में न केवल उस गम्भीर निगूढ़ तत्त्व को मूर्तिमान कर दिया गया है, बल्कि अपनी फक्कड़ाना प्रकृति की मुहर भी मार दी गई है। वाणी के ऐसे बादशाह को साहित्य–रसिक काव्यानंद का आस्वादन कराने वाला समझें तो उन्हें दोष नहीं दिया जा सकता। फिर व्यंग्य करने में और चुटकी लेने में भी कबीर अपना प्रतिद्वन्द्वी नहीं जानते। पंडित और काजी, अवधु और जोगिया, मुल्ला और मौलवी–सभी उनके व्यंग्य से तिलमिला जाते थे। अत्यन्त सीधी भाषा में वे ऐसी चोट करते हैं कि खानेवाला केवल धूल झाड़ के चल देने के सिवा और कोई रास्ता नहीं पाता।

इस प्रकार यद्यपि कबीर ने कहीं काव्य लिखने की प्रतिज्ञा नहीं की तथापि उनकी आध्यात्मिक रस की गगरी से छलके हुए रस से काव्य की कटोरी में भी कम रस इकट्ठा नहीं हुआ है। कबीर ने जिन तत्त्वों को अपनी रचना से ध्वनित करना चाहा है, उसके लिए कबीर की भाषा से ज्यादा साफ और जोरदार भाषा की सम्भावना भी नहीं है और जरूरत भी नहीं है। परन्तु कालक्रम से वह भाषा आज के शिक्षित व्यक्ति को दुरूह जान पड़ती है। कबीर ने शास्त्रीय भाषा का अध्ययन नहीं किया था, पर फिर भी उनकी भाषा में परम्परा से चली आई विशेषताएँ वर्तमान हैं। इसका ऐतिहासिक कारण है। इस ऐतिहासिक कारण को जाने बिना उस भाषा को ठीक–ठीक समझना सम्भव नहीं है। इस पुस्तक में उसी ऐतिहासिक परम्परा के अध्ययन का प्रयास है। यह प्रयास पूर्ण रूप से सफल ही हुआ होगा, ऐसा हम कोई दावा नहीं करते, परन्तु वह ग्रहणीय नहीं है, इस बात में लेखक को कोई सन्देह नहीं है।

पंचमेल खिचड़ी भाषा

कबीर की रचनाओं में अनेक भाषाओं के शब्द मिलते हैं यथा – अरबी, फारसी, पंजाबी, बुन्देलखंडी, ब्रजभाषा, खड़ीबोली आदि के शब्द मिलते हैं इसलिए इनकी भाषा को (पंचमेल खिचड़ी) या (सधुक्कड़ी) भाषा कहा जाता है। प्रसंग क्रम से इसमें कबीरदास की भाषा और शैली समझाने के कार्य से कभी–कभी आगे बढ़ने का साहस किया गया है। जो वाणी के अगोचर हैं, उसे वाणी के द्वारा अभिव्यक्त करने की चेष्टा की गई हैय जो मन और बुद्धि की पहुँच से परे हैंय उसे बुद्धि के बल पर समझने की कोशिश की गई हैय जो देश और काल की सीमा के परे हैं, उसे दो–चार–दस पृष्ठों में बाँध डालने की साहसिकता दिखाई गई है। कहते हैं, समस्त पुराण और महाभारतीय संहिता लिखने के बाद व्यासदेव ने अत्यन्त अनुताप के साथ कहा था कि (हे अधिल तिश्न के गुरुदेव, आपका कोई रूप नहीं है, फिर भी मैंने ध्यान के द्वारा इन ग्रन्थों में रूप की कल्पना की हैय आप अनिर्वचनीय हैं, व्याख्या करके आपके स्वरूप को समझा सकना सम्भव नहीं है, फिर भी मैंने स्तुति के द्वारा व्याख्या करने की कोशिश की है। वाणी के द्वारा प्रकाश करने का प्रयास किया है। तुम समस्त–भुवन–व्याप्त हो, इस ब्रह्मांण्ड के प्रत्येक अणु–परमाणु में तुम भिने हुए हो, तथापि तीर्थ–यात्रादि विधान से उस व्यापित्व को खंडित किया है। भला जो सर्वत्र परिव्याप्त है, उसके लिए तीर्थ विशेष में जाने की क्या व्यवस्था? सो हे जगदीश, मेरी बुद्धिगत विकलता के ये तीन अपराध–अरूप की रूपकल्पना, अनिर्वचनीय का स्तुतिनिर्वचन, व्यापी का स्थान–विशेष में निर्देश तुम क्षमा करो।(क्या व्यास जी के महान आदर्श का पदानुसरण करके इस लेखक को भी यही कहने की जरूरत है?)

रूपं रूपविवर्जितस्य भवतो ध्यानेन यत्कल्पितम्,

स्तुत्या निर्वचनीयताऽखिलगुरोदूरी कृतायन्मया।

व्यापित्वं च निराकृतं भगवतो यत्तीर्थयात्रादिना,

क्षन्तव्यं जगदशी, तद् विकलता–दोषत्रयं मत्कृतम्।।

वृद्धावस्था में यश और कीर्त्ति ने उन्हें बहुत कष्ट दिया। उसी हालत में उन्होंने बनारस छोड़ा और आत्मनिरीक्षण तथा आत्मपरीक्षण करने के लिये देश के विभिन्न भागों की यात्राएँ कीं। इसी क्रम में वे कालिंजर जिले के पिथौराबाद शहर में पहुँचे। वहाँ रामकृष्ण का छोटा सा मन्दिर था। वहाँ के संत भगवान गोस्वामी जिज्ञासु साधक थे किंतु उनके तर्कों का अभी तक पूरी तरह समाधान नहीं हुआ था। संत कबीर से उनका विचार–विनिमय हुआ। कबीर की एक साखी ने उन के मन पर गहरा असर किया–

बन ते भागा बिहरे पड़ा, करहा अपनी बान।

करहा बेदन कासों कहे, को करहा को जान।

मूर्त्ति पूजा को लक्ष्य करते हुए कबीरदास ने कहा है–

पाहन पूजे हरि मिलैं, तो मैं पूजौं पहार।

या ते तो चाकी भली, जासे पीसी खाय संसार।

रूपातीत व्यंजना और खंडन मंडन

प्रेम भक्ति को कबीरदास की वाणियों की केन्द्रीय वस्तु न मानने का ही यह परिणाम हुआ है कि अच्छे–अच्छे विद्वान उन्हें घमंडी, अटपटी वाणी का बोलनहारा, एकेश्वरवाद और अद्वैतवाद के बारीक भेद को न जानने वाला, अहंकारी, अगुण–सगुण–विवेक–अनभिज्ञ आदि कहकर अपने को उनसे अधिक योग्य मानकर संतोष पाते रहे हैं। यह मानी हुई बात है कि जो बात लोक में अहंकार कहलाती है वह भगवत्प्रेम के क्षेत्र में, स्वाधीनभर्तृका नायिका के गर्व की भाँति अपने

और प्रिय के प्रति अखंड विश्वास की परिचायक है। जो बात लोक में दब्बूपन और कघयरता कहलाती है, वही भगवत्प्रेम के क्षेत्र में भगवान के प्रति भक्त का अनन्य परायण आम्तार्पण होती है और जो बातें लोक में परस्पर विरुद्ध जँचती हैं भगवान के विषय में उनका विरोध दूर हो जाता है। लोक में ऐसे जीव की कल्पना नहीं की जा सकती जो कर्णहीन होकर भी सब कुछ सुनता हो, चक्षुरहित बना रहकर भी सब कुछ देख सकता हो, वाणीहीन होकर भी वक्ता हो सकता हो, जो छोटे–से–छोटा भी हो और बड़े–से–बड़ा भी, जो एक भी हो और अनेक भी, जो बाहर भी हो भीतर भी, जिसे सबका मालिक भी कहा जा सके और सबका सेवक भी, जिसे सबके ऊपर भी कहा जा सके और सर्वमय सेवक भीय जिसमें समस्त गुणों का आरोप भी किया जा सके और गुणहीनता का भी, और फिर भी जो न इन्द्रिय का विषय हो, न मन का, न बुद्धि का। परन्तु भगवान के लिए सब विशेषण सब देशों के साधक सर्वदृभाव से देते रहे हैं। जो भक्त नहीं हैं, जो अनुभव के द्वारा साक्षात्कार किए हुए सत्य में विश्वास नहीं रखते, वे केवल तर्क में उलझकर रह जाते हैं। पर जो भक्त हैं, वे भुजा उठाकर घोषणा करते हैं, (अगुणहिं–सगुणहिं नहिं कछु भेदा) (तुलसीदास)। परन्तु तर्क परायण व्यक्ति इस कथन के अटपटेपन को वदतो–व्याघात कहकर संतोष कर लेता है।

यदि भक्ति को कबीरदास की वाणियों की केन्द्रीय वस्तु मान लिया जाता तो निस्सन्देह स्वीकार कर लिया जाता कि भक्त के लिए वे सारी बातें बेमतलब हैं,जिन्हें कि विद्वान लोग बारीक भेद कहकर आनन्द पाया करते हैं। भगवान के अनिवर्चनीय स्वरूप को भक्त ने जैसा कुछ देखा है वह वाणी के प्रकाशन क्षेत्र के बाहर हैं, इसीलिए वाणी नाना प्रकार से परस्पर विरोधी और अविरोधी शब्दों के द्वारा उस परम प्रेममय का रूप निर्देश करने की चेष्टा करती है। भक्त उसकी असमर्थता पर नहीं जाता, वह उसकी रूपातीत व्यंजना को ही देखता

है। भक्ति तत्त्व की व्याख्या करते–करते उन्हें उन बाह्याचार के जंजालों को साफ करने की जरूरत महसूस हुई है जो अपनी जड़ प्रकृति के कारण विशुद्ध चेतन–तत्त्व की उपलब्धि में बाधक है ! यह बात ही समाज सुधार और साम्प्रदाय ऐक्य की विधात्री बन गई है। पर यहाँ भी यह कह रखना ठीक है कि वह भी फोकट का माल या बाईप्रोडक्ट ही है।

कबीरदास का भक्त रूप

कबीरदास का यह भक्त रूप ही उनका वास्तविक रूप है। इसी केन्द्र के इर्द–गिर्द उनके अन्य रूप स्वयमेव प्रकाशित हो उठे हैं। मुश्किल यह है कि इस केन्द्रीय वस्तु का प्रकाश भाषा की पहुँच से बाहर है। भक्ति कहकर नहीं समझाई जा सकती, वह अनुभव करके आस्वादन की जा सकती है। कबीरदासे ने इस बात को हजार तरीके से कहा है। इस भक्ति या भगवान के प्रति अहैतुक अनुराग की बात कहते समय उन्हें ऐसी बहुत सी बातें कहनी पड़ीं हैं जो भक्ति नहीं हैं। पर भक्ति के अनुभव करने में सहायक हैं। मूल वस्तु चूँकि वाणी के अगोचर है, इसलिए केवल वाणी का अध्ययन करने वाले विद्यार्थी को अगर भ्रम में पड़ जाना पड़ा हो तो आश्चर्य की कोई बात नहीं है। वाणी द्वारा उन्होंने उस निगूढ़ अनुभवैकगम्य तत्त्व की और इशारा किया है, उसे ध्वनित किया गया है। ऐसा करने के लिए उन्हें भाषा के द्वारा रूप खड़ा करना पड़ा है और अरूप को रूप के द्वारा अभिव्यक्त करने की साधना करनी पड़ी है। काव्यशास्त्र के आचार्य इसे ही कवि की सबसे बड़ी शक्ति बताते हैं। रूप के द्वारा अरूप की व्यजंना, कथन के जरिए अकथ्य का ध्वनन, काव्य–शक्ति का चरम निर्देशन नहीं तो क्या है? फिर भी ध्वनित वस्तु ही प्रधान हैय ध्वनित करने की शैली और सामग्री नहीं। इस प्रकार काव्यत्व उनके पदों में फोकट का माल है। बाइप्रोडक्ट हैय वह कोलतार और सीरे की भाँति और चीजों को बनाते–बनाते अपने–आप बन गया है।

4

कबीर का व्यक्तित्व

हिन्दी साहित्य के हजार वर्षों के इतिहास में कबीर जैसा व्यक्तित्व लेकर कोई लेखक उत्पन्न नहीं हुआ। महिमा में यह व्यक्तित्व केवल एक ही प्रतिद्वन्द्वी जानता है, तुलसीदास। परन्तु तुलसीदास और कबीर के व्यक्तित्व में बड़ा अन्तर था। यद्यपि दोनों ही भक्त थे, परन्तु दोनों स्वभाव, संस्कार और दृष्टिकोण में एकदम भिन्न थे। मस्ती, फक्कड़ाना स्वभाव और सबकुछ को झाड़–फटकार कर चल देने वाले तेज ने कबीर को हिन्दी–साहित्य का अद्वितीय व्यक्ति बना दिया है।

आकर्षक वक्ता

कबीर की वाणियों में सबकुछ को छाकर उनका सर्वजयी व्यक्तित्व विराजता रहता है। उसी ने कबीर की वाणियों में अनन्यदृ असाधारण जीवन रस भर दिया है। कबीर की वाणी का अनुकरण नहीं हो सकता। अनुकरण करने की सभी चेष्टाएँ व्यर्थ सिद्ध हुई हैं। इसी व्यक्तित्व के कारण कबीर की उक्तियाँ श्रोता को बलपूर्वक आकृ ष्ट करती हैं। इसी व्यक्तित्व के आकर्षण को सहृदय समालोचक

सम्भाल नहीं पाता और रीझकर कबीर को श्कविश कहने में संतोष पाता है। ऐसे आकर्षक वक्ता को “कवि” न कहा जाए तो और क्या कहा जाए? परन्तु यह भूल नहीं जाना चाहिए कि यह कविरूप घलुए में मिली हुई वस्तु है। कबीर ने कविता लिखने की प्रतिज्ञा करके अपनी बातें नहीं कही थीं। उनकी छंदोयोजना, उचित–वैचित्र्य और अलंकार विधान पूर्णदृरूप से स्वाभाविक और अयत्नसाधित हैं। काव्यगत रूढ़ियों के न तो वे जानकार थे और न ही कायल। अपने अनन्य–साधारण व्यक्तित्व के कारण ही वे सहृदय को आकृष्ट करते हैं। उनमें एक और बड़ा भारी गुण है, जो उन्हें अन्यान्य संतों से विशेष बना देता है।

सादगी और सहजभाव

यद्यपि कबीरदास एक ऐसे विराट और आनंदमय लोक की बात करते हैं जो साधारण मनुष्यों की पहुँच के बहुत ऊपर है और वे अपने को उस देश का निवासी बताते हैं जहाँ पर बारह महीने बसंत रहता है, निरन्तर अमृत की झड़ी लगी रहती है। फिर भी जैसा की एवेलिन अंडरहिल ने कहा है, वे उस आत्मविस्मृतिकारी परम उल्लासमय साक्षात्कार के समय भी दैनदिन–व्यवहार की दुनिया के साथ धरती पर जमे रहते हैंय उनके महिला–समन्वित और आवेगमय विचार, बराबर धीर और सजीव बुद्ध तथा सहज भाव द्वारा नियंत्रित होते रहते हैं, जो सच्चे मरमी कवियों में ही मिलते हैं। उनकी सर्वाधिक लक्ष्य होने वाली विशेषताएँ हैं।

सादगी और सहजभाव पर निरन्तर जोर देते रहना,

बाह्य धर्माचारों की निर्मम आलोचना, और

सब प्रकार के विरागभाव और हेतु प्रकृतिगत अनुसंधित्सा के द्वारा सहज ही गलत दिखने वाली बातों को दुर्बोध्य और महान बना देने की चेष्टा के प्रति वैरदृभाव।

इसीलिए वे साधारण मनुष्य के लिए दुर्बोध्य नहीं हो जाते और अपने असाधारण भावों को ग्राह्य बनाने में सदा सफल दिखाई देते हैं। कबीरदास के इस गुण ने सैकड़ों वर्ष से उन्हें साधारण जनता का नेता और साथी बना दिया है। वे केवल श्रद्धा और भक्ति के पात्र ही नहीं, प्रेम और विश्वास के आस्पद भी बन गए हैं। सच पूछा जाए तो जनता कबीरदास पर श्रद्धा करने की अपेक्षा प्रेम अधिक करती है। इसीलिए उनके संत–रूप के साथ ही उनका कवि–रूप भी बराबर चलता रहता है। वे केवल नेता और गुरु ही नहीं हैं, साथी और मित्र भी हैं।

महान समाज सुधारक

कबीर ने ऐसी बहुत सी बातें कही हैं, जिनसे (अगर उपयोग किया जाए तो) समाज–सुधार में सहायता मिल सकती है, पर इसलिए उनको समाज–सुधारक समझना गलती है। वस्तुतः वे व्यक्तिगत साधना के प्रचारक थे। समष्टि–वृत्ति उनके चित्त का स्वाभाविक धर्म नहीं था। वे व्यष्टिवादी थे। सर्व–धर्म समन्सय के लिए जिस मजबूत आधार की जरूरत होती है वह वस्तु कबीर के पदों में सर्वत्र पाई जाती है, वह बात है भगवान के प्रति अहैतुक प्रेम और मनुष्यमात्र को उसके निर्विशिष्ट रूप में समान समझना। परन्तु आजकल सर्व–धर्म समन्वय से जिस प्रकार का भाव लिया जाता है, वह कबीर में एकदम नहीं था। सभी धर्मों के बाह्य आचारों और अन्तर संस्कारों में कुछ न कुछ विशेष देखना और सब आचारों, संस्कारों के प्रति सम्मान की दृष्टि उत्पन्न करना ही यह भाव है। कबीर इनके कठोर विरोधी थे। उन्हें अर्थहीन आचार पसन्द नहीं थे, चाहे वे बड़े से बड़े आचार्य या पैगम्बर के ही प्रवर्ति्तत हों या उच्च से उच्च समझी जाने वाली धर्म पुस्तक से उपदिष्ट हों। बाह्याचार की निरर्थक और संस्कारों की विचारहीन गुलामी कबीर को पसन्द नहीं थी। वे इनसे मुक्त मनुष्यता को ही प्रेमभक्ति का पात्र मानते थे। धर्मगत विशेषताओं के प्रति सहनशीलता और संभ्रम का भाव भी उनके पदों में नहीं मिलता। परन्तु वे मनुष्यमात्र

को समान मर्यादा का अधिकारी मानते थे। जातिगत, कुलगत, आचारगत श्रेष्ठता का उनकी दृष्टि में कोई मूल्य नहीं था। सम्प्रदाय–प्रतिष्ठा के भी वे विरोधी जान पड़ते हैं। परन्तु फिर भी विरोध ाभास यह है कि उन्हें हजारों की संख्या में लोग सम्प्रदाय विशेष के प्रवर्त्तक मानने में ही गौरव अनुभव करते हैं।

धर्मगुरु

कबीर धर्मगुरु थे। इसलिए उनकी वाणियों का आध्यात्मिक रस ही आस्वाद्य होना चाहिए, परन्तु विद्वानों ने नाना रूप में उन वाणियों का अध्ययन और उपयोग किया है। काव्य–रूप में उसे आस्वादन करने की तो प्रथा ही चल पड़ी है। समाज–सुधारक के रूप में, सर्व–ध र्मसमन्वयकारी के रूप में, हिन्दू–मुस्लिम–ऐक्य–विधायक के रूप में भी उनकी चर्चा कम नहीं हुई है। यों तो श्हरि अनंत हरिकथा अनंता, विविध भाँति गावहिं (श्रुति–संता) के अनुसार कबीर कथित हरि की कथा का विविध रूप में उपयोग होना स्वाभाविक ही है, पर कभी–कभी उत्साहपरायण विद्वान गलती से कबीर को इन्हीं रूपों में से किसी एक का प्रतिनिधि समझकर ऐसी–ऐसी बातें करने लगते हैं जो कि असंगत कही जा सकती हैं।

5

कबीर का जीवन दर्शन

कबीर परमात्मा को मित्र, माता, पिता और पति के रूप में देखते हैं। वे कहते हैं–

हरिमोर पिउ, मैं राम की बहुरिया। तो कभी कहते हैं–

हरि जननी मैं बालक तोरा। उस समय हिंदू जनता पर मुस्लिम आतंक का कहर छाया हुआ था। कबीर ने अपने पंथ को इस ढंग से सुनियोजित किया जिससे मुस्लिम मत की ओर झुकी हुई जनता सहज ही इनकी अनुयायी हो गयी। उन्होंने अपनी भाषा सरल और सुबोध रखी ताकि वह आम आदमी तक पहुँच सके। इससे दोनों सम्प्रदायों के परस्पर मिलन में सुविधा हुई। इनके पंथ मुसलमान–संस्कृति और गोभक्षण के विरोधी थे। कबीर को शांतिमय जीवन प्रिय था और वे अहिंसा, सत्य, सदाचार आदि गुणों के प्रशंसक थे। अपनी सरलता, साधु स्वभाव तथा संत प्रवृत्ति के कारण आज विदेशों में भी उनका आदर होता है।

हिन्दू–मुस्लिम एकता

जो लोग हिन्दू–मुस्लिम एकता के व्रत में दीक्षित हैं, वे भी कबीरदास को अपना मार्गदर्शक मानते हैं। यह उचित भी है। रामदृ रहीम और केशव–करीम की जो एकता स्वयं सिद्ध है, उसे भी सम्प्रदाय बुद्धि से विकृत मस्तिष्क वाले लोग नहीं समझ पाते। कबीरदास से अधिक जोरदार शब्दों में एकता का प्रतिपादन किसी ने भी नहीं किया है। पर जो लोग उत्साहधिक्यवश कबीर को केवल हिन्दू–मुस्लिम एकता का पैगम्बर मान लेते हैं वे उनके मूल स्वरूप को भूलकर उसके एक देशमात्र की बात करने लगते हैं। ऐसे लोग यदि यह देखकर क्षुब्ध हों कि कबीरदास ने दोनों धर्मों की ऊँची संस्कृति या (दोनों धर्मों के उच्चतर भावों में सामंजस्य स्थापित करने की कहीं पर कोशिश नहीं की और सिर्फ यही नहीं, बल्कि उन सभी धर्मगत विशेषताओं की खिल्ली ही उड़ाई है जिसे मजहबी नेता बहुत श्रेष्ठ ध र्माचार कहकर व्याख्या करते हैं, (तो कुछ आश्चर्य की बात नहीं है, क्योंकि कबीरदास इस बिन्दु से धार्मिक द्वन्द्वों को देखते ही न थे। उन्होंने रोग का ठीक निदान किया या नहीं, इसमें दो मत हो सकते हैं, पर औषध निर्वाचन में और अपथ्य वर्जन के निर्देश में उन्होंने बिल्कुल गलती नहीं की। यह औषध है भगवद्विश्वास। दोनों धर्म समान रूप से भगवान में विश्वास करते हैं और यदि सचमुच ही आदमी धार्मिक है तो इस अमोघ औषध का प्रभाव उस पर पड़ेगा ही। अपथ्य है बाह्य आचारों को धर्म समझना, व्यर्थ कुलाभिमान, अकारण ऊँच–नीच का भाव। कबीरदास की इन दोनों व्यवस्थाओं में गलती नहीं है और अगर किसी दिन हिन्दुओं और मुसलमानों में एकता हुई तो इसी रास्ते हो सकती है। इसमें केवल बाह्यचारवर्जन की नकारात्मक प्रक्रिया नहीं है, भगवद्विश्वस का अविश्लेष्य सीमेंट भी कार्य करेगा।

इसी अर्थ में कबीरदास हिन्दू और मुसलमानों के ऐक्य–विधायक थे। परन्तु जैसा की आरम्भ में ही कहा गया है, कबीरदास को केवल

इन्हीं रूपों में देखना सही नहीं है। वे मूलतः भक्त थे। भगवान पर उनका अविचल अखंड विश्वास था। वे कभी सुधार करने के फेर में नहीं पड़े। शायद वे अनुभव कर चुके थे कि जो स्वयं सुधरना ही नहीं चाहता, उसे जबरदस्ती सुधारने का व्रत व्यर्थ का प्रयास ही है। वे अपने उपदेश साधु भाई को देते थे या फिर स्वयं अपने आपको ही सम्बोधित करके कह देते थे। यदि उनकी बात कोई सुनने वाला न मिले तो वे निश्चित होकर स्वयं को ही पुकार कर कह उठतेः अपनी राह तू चले कबीरा ! (अपनी राह अर्थात् धर्म, सम्प्रदाय, जाति, कुल और शास्त्र की रूढ़ियों से जो बद्ध नहीं है, जो अपने अनुभव के द्वारा प्रत्यक्षीकृत है।

कबीर की महिमा

जो लोग इन बातों से ही कबीरदास की महिमा का विचार करते हैं वे केवल सतह पर ही चक्कर काटते हैं। कबीरदास एक जबरदस्त क्रान्तिकारी पुरुष थे। उनके कथन की ज्योति जो इतने क्षेत्रों को उदभासित कर सकी है सो मामूली शक्तिमत्ता की परिचायिका नहीं है। परन्तु यह समझना कि उदभासित पदार्थ ही ज्योति है, बड़ी भारी गलती है। उदभासित पदार्थ ज्योति की ओर इशारा करते हैं और ज्योति किधर और कहाँ पर है, इस बात का निर्देश देते हैं। ऊपरदृ ऊपर, सतह पर चक्कर काटने वाले समुद्र भले ही पार कर जाएँ, पर उसकी गहराई की थाह नहीं पा सकते। इन पंक्तियों का लेखक अपने को सतह का चक्कर काटने वालों से विशेष नहीं समझता। उसका दृ ढ़ विश्वास है कि कबीरदास के पदों में जो महान प्रकाशपुंज है, वह बौद्धिक आलोचना का विषय नहीं है। वह संग्रहालय की चीज नहीं है, बल्कि जीवित प्राणवान वस्तु है। कबीर पर पुस्तकें बहुत लिखी गई हैं, और भी लिखी जाएँगी, पर ऐसे लोग कम ही हैं जो उस साधना कि गहराई तक जाने की चेष्टा करते हों। राम की वानरी सेना समुद्र जरूर लाँघ गई थी, पर उसकी गहराई का पता तो मंदर पर्वत को ही

था, जिसका विराट शरीर आपाताल–निमग्न हो गया था:

अब्धिर्लंघित एव वानरभटैः किन्त्वस्य गंभीरताम्

आपाताल – निमग्न – पीवरतनुर्जानाति मंद्राचलः।

सो, कबीरदास की सच्ची महिमा तो कोई गहरे में गोता लगाने वाला ही समझ सकता है। कबीरदास ने स्वयं अरूप को रूप देने की चेष्टा की थी। परन्तु वह स्वयं कह गए हैं कि ये सारे प्रयास तभी तक थे, जब तक की परम प्रेम के आधार प्रियतम का मिलन नहीं हुआ था। साखी, पद, शब्द और दोहरे उसी प्राप्ति के साधन हैं, मार्ग हैं। गंतव्य तक पहुँच जाने पर मार्ग का हिसाब करना बेकार होता है। फिर इन साखी, शब्द और दोहरों की व्याख्या के प्रयास को क्या कहा जाए? ये तो साधन को समझाने के साधन–साधन के भी साधन हैं।

6
रचनाएँ

गता ही दिखाई है। (हंसा) की बात कबीरदास कहते जरूर हैं पर वे हंस और अवधूत को शायद ही कहीं एक समझते हों। वे बराबर हंस या पक्षी शुद्ध और मुक्त जीवात्मा को ही कहते हैं। इसी भाव को बताने के लिए भर्तृहरि ने कहा है कि इस अवधूत मुनि की बाह्य क्रियाएँ प्रशमित हो गई हैं। वह न दुःख समझता है, न सुख को सुख। वह कहीं भूमि पर सो सकता है कहीं पलंग पर, कहीं कंथा धारण कर लेता है कहीं दिव्य वसन, कहीं मधुर भोजन पाने पर उसे भी पा लेता है। (किंतु कबीरदास इस प्रकार योग में भोग को पंसद नहीं करते। यद्यपि इन योगियों के संप्रदाय के सिद्धों को ही कबीरद अवधूत कहते हैं तथापि वे साधारण योगी अवधूत के फर्क को बराबर याद रखते हैं। साधारण योगी के प्रति उनके मन में वैसा आदर का भाव नहीं है जैसा अवधूत के बारे में है। कभी–कभी उन्होंने स्पष्ट भाषा में योगी को और अवधूत को भिन्न रूप से याद किया है। इस प्रकार कबीरदास का अवधूत नाथपंथी सिद्ध योगी है।

प्रसिद्ध है कि एक बार काशी के पंडितों में द्वैत और अद्वैत तत्त्व

का शास्त्रार्थ बहुत दिनों तक चलता रहा। जब किसी शिष्य ने कबीर साहब का मत पूछा तो उन्होंने जवाब में शिष्य से ही कई प्रश्न किए। शिष्य ने जो उत्तर दिया उसका सार–मर्म यह था कि विद्यमान पंडितों में इस विषय में कोई मतभेद नहीं है कि भगवान, रूप, रस, गंध एवं स्पर्श से परे हैं, गुणों और क्रियाओं के अतीत हैं, वाक्य और मन के अगोचर हैं। कबीरदास ने हसँकर जवाब दिया कि भला उन लड़ने वाले पंडितों से पूछो कि भगवान रूप से निकल गया, रस से निकल गया, रस से अतीत हो गया, गुणों के ऊपर उठ गया, क्रियाओं की पहुँच के बाहर हो रहा, वह अंत में आकर संख्या में अटक जाएगा? जो सबसे परे है वह क्या संख्या के परे नहीं हो सकता? यह कबीर का द्वैताद्वैत–विलक्षण समतत्त्ववाद है।

निरंजन कौन है?

मध्ययुग के योग, मंत्र और भक्ति के साहित्य में (निरंजन) शब्द का बारम्बार उल्लेख मिलता है। नाथपंथ में भी (निरंजन) शब्द खूब परिचित है। साधारण रूप में (निरंजन) शब्द निर्गुण ब्रह्म का और विशेष रूप से शिव का वाचक है। नाथपंथ की भाँति एक और प्राचीन पंथ भी था, जो निरंजन पद को परमपद मानता था। जिस प्रकार नाथपंथी नाथ को परमाराध्य मानते थे, उसी प्रकार ये लोग (निरंजन) को। आजकल निरंजनी साधुओं का एक सम्प्रदाय राजपूताने में वर्तमान है। कहते हैं, इस सम्प्रदाय के प्रवर्तक स्वामी निरानंद निरंजन भगवान (निर्गुण) के उपासक थे।

बंगाल के पश्चिमी हिस्सों तथा बिहार के पूर्वी जिलों में आज भी एक धर्ममत है, जिसके देवता निरंजन या धर्मराज हैं। एक समय यह सम्प्रदाय झारखण्ड और रीवाँ तक प्रचलित था। बाद में चलकर यह मत कबीर सम्प्रदाय में अंतर्भुक्त हो गया और उसकी सारी पौराणिक कथाएँ कबीर मत में गृहीत हो गईं, परन्तु उनका स्वर बदल गया।

नाथपंथ में निरंजन की महिमा खूब गाई गई है। हठयोगी जब नादानुसंधान का सफल अभ्यासी हो जाता है तो उसके समस्त पाप क्षीण हो जाते हैं, उसके चित्त और मारुत निरंजन में लीन हो जाते हैं। यह योगी का परम साध्य है, क्योंकि जब तक ज्ञान निरंजन के साक्षात्कार तक नहीं उठता तभी तक इस संसार के विविध जीवों और नाना पदार्थों में भेद–दृष्टि बनी हुई है।

7

कबीर के राम

गोस्वामी तुलसीदास ने रामचरितमानस के बालकांड में भगवान शिव के मुख से कुछ 'अनमोल' वचन कहलवाए हैं। किंतु ये वचन इतने कटु और अशोभनीय हैं कि सहज विश्वास नहीं होता कि ये रामचरितमानस जैसे महान और पवित्र काव्य के ही अंश हैं। अपशब्दों का ऐसा कवित्वमय प्रयोग विरले ही संसार के किसी अन्य महान साहित्य में देखने को मिलेगा। जरा आप भी एक बार फिर से इन अनमोल वचनों पर गौर फरमाएँ:

कहहि सुनहि अस अधम नर ग्रसे जे मोह पिसाच।

पाषंडी हरि पद बिमुख जानहिं झूठ न साच।।

अग्य अकोबिद अंध अभागी। काई विषय मुकर मन लागी।।

लंपट कपटी कुटिल विसेषी। सपनेहुँ संतसभा नहिं देखी।।

कहहिं ते बेद असंमत बानी। जिन्ह कें सूझ लाभु नहिं हानि।।

मुकर मलिन अरु नयन बिहीना। रामरूप देखहिं किमि दीना।।

जिन्ह कें अगुन न सगुन बिबेका। जल्पहिं कल्पित बचन अनेका।।

हरिमाया बस जगत भ्रमाहीं। तिन्हहि कहत कछु अघटित नाहीं।।

बातुल भूत बिबस मतवारे। ते नहिं बोलहिं बचन बिचारे।।

जिन्ह कृत महामोह मद पाना। तिन कर कहा करिअ नहिं काना।।

कबीर के कई अध्येताओं का मानना है कि तुलसीदासजी द्वारा रामचरितमानस में व्यक्त किए गए उपर्युक्त विचार राम के संबंध में कबीर की अवधारणा की भर्त्सना करने के उद्देश्य से ही शिव–पार्वती संवाद के रूप में प्रस्थापित किए गए हैं। यहाँ तक कि पूरे उत्तरकांड की रचना के पीछे एकमात्र यही उद्देश्य माना जाता है।

प्रश्न उठता है कि आखिर इन दो महान राम भक्त कवियों के बीच दृष्टिकोण का ऐसा घोर अतंराल कहाँ है कि तुलसीदासजी को इतने कटुतम शब्दों में कबीर की 'बानी' पर प्रहार करने के लिए उद्यत होना पड़ा। इतना ही नहीं, हिन्दी साहित्य के महानतम आलोचक आचार्य रामचंद्र शुक्ल ने कबीर की राम के प्रति भक्ति को महज शुष्क ज्ञानमार्गी साधना बतलाकर उनकी रचनाओं को श्रेष्ठ साहित्य का दर्जा देने से इन्कार कर दिया।

यदि गुरुदेव रवीन्द्रनाथ ठाकुर और आचार्य हजारी प्रसाद द्विवेदी ने कबीर की कविता के महत्व को पहचानने और उसे साहित्य में प्रतिष्ठित करने के लिए उत्कट प्रयास नहीं किए होते तो आज हम कबीर की रचनाओं के आस्वादान से वंचित रह गए होते।

प्रस्तुत लेख में हम तुलसी के राम और कबीर के राम के बीच

बुनियादी अंतर की पड़ताल करने और उसके कारणों की तह में जाने का प्रयास करेंगे।

कबीर के राम पुराण–प्रतिपादित अवतारी राम नहीं हैं। अवतारी राम कबीर को पसंद नहीं आते। अवतारवाद और कबीर के विचारों में कोई सामंजस्य नहीं है। कबीर के राम बुनियादी रूप से तुलसी के राम से भिन्न हैं। वह स्पष्ट रूप से कहते हैं:

नां दशरथ धरि औतरि आवा। नां लंका का रावं सतावा।।

और,

कहै कबीर विचार करि, ये ऊले व्यवहार। याहीथें जे अगम है, सो वरति रह्या संसार।।'

कबीर के राम तो अगम हैं और संसार के कण–कण में विराजते हैं। कबीर के राम इस्लाम के एकेश्वरवादी, एकसत्तावादी खुदा भी नहीं हैं। इस्लाम में खुदा या अल्लाह को समस्त जगत एवं जीवों से भिन्न एवं परम समर्थ माना जाता है। पर कबीर के राम परम समर्थ भले हों, लेकिन समस्त जीवों और जगत से भिन्न तो कदापि नहीं हैं। बल्कि इसके विपरीत वे तो सबमें व्याप्त रहने वाले रमता राम हैं। वह कहते हैं:

व्यापक ब्रह्म सबनिमैं एकै, को पंडित को जोगी।

रावण–राव कवनसूं कवन वेद को रोगी।

कबीर राम की किसी खास रूपाकृति की कल्पना नहीं करते, क्योंकि रूपाकृति की कल्पना करते ही राम किसी खास ढाँचे (फ्रेम) में बँध जाते, जो कबीर को किसी भी हालत में मंजूर नहीं। कबीर राम की अवधारणा को एक भिन्न और व्यापक स्वरूप देना चाहते थे।

इसके कुछ विशेष कारण थे, जिनकी चर्चा हम इस लेख में आगे करेंगे।

किन्तु इसके बावजूद कबीर राम के साथ एक व्यक्तिगत पारिवारिक किस्म का संबंध जरूर स्थापित करते हैं। राम के साथ उनका प्रेम उनकी अलौकिक और महिमाशाली सत्ता को एक क्षण भी भुलाए बगैर सहज प्रेमपरक मानवीय संबंधों के धरातल पर प्रतिष्ठित है।

कबीर नाम में विश्वास रखते हैं, रूप में नहीं। हालाँकि भक्ति–संवेदना के सिद्धांतों में यह बात सामान्य रूप से प्रतिष्ठित है कि 'नाम रूप से बढ़कर है', लेकिन कबीर ने इस सामान्य सिद्धांत का क्रांतिधर्मी उपयोग किया। कबीर ने राम–नाम के साथ लोकमानस में शताब्दियों से रचे–बसे संश्लिष्ट भावों को उदात्त एवं व्यापक स्वरूप देकर उसे पुराण–प्रतिपादित ब्राह्मणवादी विचारधारा के खाँचे में बाँधे जाने से रोकने की कोशिश की। इस बात को बाद में कबीर के ही टक्कर के, परंतु ब्राह्मणवादी विचारधारा के पोषक भक्त–संत तुलसीदास पचा नहीं सके और उन्होंने एक तरह से राम–नाम के साथ कबीर द्वारा संबद्ध की गई क्रांतिधर्मिता को निस्तेज करने के लिए 'रामचरितमानस' की रचना की।

कबीर के राम–नाम की अवधारणा को अपने आस्थापरक विवेक से काफी कुछ महात्मा गाँधी ने भी समझा और आत्मसात किया था। यह अवधारणा लाख षड्यंत्रों और कुचेष्टाओं के बावजूद लोकमानस में अब भी जीवित है और आगे बनी रहने वाली है।

कबीर के लिए राम का वेद–पुराण सम्मत होना जरूरी नहीं है। यह अलग बात है कि तुलसीदासजी और उनके बाद से लेकर अब तक के बहुत से विद्वानों ने कबीर के राम को वेद–पुराण प्रतिपादित अवधारणा के दायरे में समेट लेने की बेहद कोशिश की है। लेकिन हैरानी और सुखद आश्चर्य की बात है कि वे लोग भी जो वेदों और

पुराणों की प्रामाणिकता में विश्वास नहीं रखते, कबीर के 'रमता राम' की अवधारणा से न सिर्फ सहमत होते हैं, बल्कि उसे चित्त–संस्कारवश आत्मसात भी करते हैं।

कबीर में अपनी राम–विषयक अवधारणा को लेकर कोई मतांधता नहीं दिखाई देती। वे इस संबंध में कोई अड़ियल रुख नहीं अपनाते। वे तुलसीदासजी की तरह कृष्ण की मूर्ति के सामने भी यह हठ नहीं करते कि धनुष–बाण लेकर आओ, तब ही मैं तुम्हारे सामने शीश नवाऊंगा। ऐसी आग्रही भक्ति का भाव न तो कबीर में दिखाई देता है और न ही किसी अन्य निर्गुण भक्त संत में। बल्कि कबीर की दृष्टि तो ठीक इसके विपरीत है। अवतारवाद से संबद्ध कुछ सामाजिक अवधारणाओं के चलते उसका विरोध करने के बावजूद कबीर अवतारों के उन लीला–प्रसंगों को मुग्ध–भाव से स्वीकार करते हैं जिनमें प्रेम और ईश्वर की सर्वव्यापकता के मार्मिक चित्रण हुए हैं। कबीर राम के पर्यायवाची के रूप में ईश्वर के उन बहुत से नामों का प्रयोग भी करते हैं जो पुराण–परंपरा और विभिन्न संप्रदाय–मजहबों में ईश्वर के लिए प्रयुक्त किए जाते हैं। वे अपने राम को हरि, गोविन्द, केशव, माधव, नरसिंह, अल्लाह, खुदा, साहब, करीम, रहीम, रब, गोरख, विष्णु, महादेव, सिद्ध, नाथ आदि कुछ भी कह लेते थे, कहने की रौ में जो नाम सहज रूप से आ जाए। लेकिन ईश्वर के लिए वह चाहे जिस किसी नाम का प्रयोग करते हों, ऐसा करते समय ईश्वर के प्रति उनकी धारणा में कोई अंतर नहीं आता।

इस मामले में सगुण भक्त कवि कुछ विशेष सजगता बरतते हैं, वे अपने आराध्य को ब्रह्म का अवतार मानते हुए भी न सिर्फ उनके किसी खास रूप के प्रति निष्ठा रखते हैं, बल्कि उनके नाम के पर्यायवाचियों का प्रयोग करते हुए भी सावधानी बरतते हैं। वे अपने आराध्य को दूसरे नाम–रूपों से भिन्न बताने की सतर्क कोशिश करते हैं। इन सबके बावजूद यह एक गंभीर अध्ययन का विषय है कि कबीर जैसे

निर्गुण भक्त कवि 'राम' नाम पर ही विशेष बल क्यों देते हैं।

कबीर के राम निर्गुण–सगुण के भेद से परे हैं। दरअसल उन्होंने अपने राम को शास्त्र–प्रतिपादित अवतारी, सगुण, वर्चस्वशील वर्णाश्रम व्यवस्था के संरक्षक राम से अलग करने के लिए ही 'निर्गुण राम' शब्द का प्रयोग कियादृ'निर्गुण राम जपहु रे भाई।'

इस 'निर्गुण' शब्द को लेकर भ्रम में पड़ने की जरूरत नहीं। कबीर का आशय इस शब्द से सिर्फ इतना है कि ईश्वर को किसी नाम, रूप, गुण, काल आदि की सीमाओं में बाँधा नहीं जा सकता। जो सारी सीमाओं से परे हैं और फिर भी सर्वत्र हैं, वही कबीर के निर्गुण राम हैं। इसे उन्होंने 'रमता राम' नाम दिया है। अपने राम को निर्गुण विशेषण देने के बावजूद कबीर उनके साथ मानवीय प्रेम संबंधों की तरह के रिश्ते की बात करते हैं। कभी वह राम को माधुर्य भाव से अपना प्रेमी या पति मान लेते हैं तो कभी दास्य भाव से स्वामी। कभी–कभी वह राम को वात्सल्य मूर्ति के रूप में माँ मान लेते हैं और खुद को उनका पुत्र। निर्गुण–निराकार ब्रह्म के साथ भी इस तरह का सरस, सहज, मानवीय प्रेम कबीर की भक्ति की विलक्षणता है। यह दुविधा और समस्या दूसरों को भले हो सकती है कि जिस राम के साथ कबीर इतने अनन्य, मानवीय संबंधपरक प्रेम करते हों, वह भला निर्गुण कैसे हो सकते हैं, पर खुद कबीर के लिए यह समस्या नहीं है। वह कहते भी हैंः

"संतौ, धोखा कासूं कहिये। गुनमैं निरगुन, निरगुनमैं गुन, बाट छांड़ि क्यूं बहिसे!"

लेकिन बाद में तुलसीदासजी ने जब 'रामचरितमानस' में 'अगुनहिं सगुनहिं नहिं कछु भेदा' कहकर कबीर के 'रमता राम' और अपने 'मर्यादा पुरुषोत्तम' अवतारी राम को ब्राह्मणवादी सामाजिक व्यवस्था के आधिपत्यवादी उद्देश्यों के तहत एक में मिलाने की कोशिश की, तब

से गड़बड़ियाँ शुरू हो गईं और यह गड़बड़ी आज तथाकथित सांस्कृतिक राष्ट्रवाद के पीड़ादायी सामाजिक–राजनीतिक दंश के रूप में हमारे सामने है।

कबीर को सीधे–सीधे अवतारी राम से विशेष परेशानी नहीं है। कबीर को परेशानी है अवतारी राम के साथ जुड़ी उस पुराण–प्रतिपादित अवधारणा से, जिसके मुताबिक राम वर्णाश्रम व्यवस्था रूपी धर्म की रक्षा करने और उस व्यवस्था की 'मर्यादा' को न मानने वालों को दंडित करने के लिए अवतार ग्रहण करते हैं। धर्म की पुराण–प्रतिपादित अवधारणा वर्णाश्रम–व्यवस्था का ही पर्यायवाची है। जबकि कबीर इस वर्णाश्रम–व्यवस्था के घोरतम विरोधी हैं। वह वर्णाश्रम व्यवस्था कबीर को कतई मान्य नहीं है, जिसमें किसी व्यक्ति को सिर्फ इसलिए अछूत और पशु से भी हीन मान लिया जाता हो, जिसमें सिर्फ इसलिए उसे ज्ञान और भक्ति के अयोग्य ठहरा दिया जाता हो, क्योंकि वह किसी खास जाति में पैदा हुआ है। कबीर का उस वर्ण–व्यवस्था के प्रति गहरा विरोध है जिसमें बहुजन समाज के व्यक्तियों को शताब्दियों से पीढ़ी दर पीढ़ी दंडित किया जा रहा है और उन्हें इस दंड के कारण का पता तक नहीं है।

"कबीर के नस–नस में इस अकारण दंड के प्रति विद्रोह का भाव भरा था" आचार्य हजारी प्रसाद द्विवेदी की यह पंक्ति वर्णाश्रम व्यवस्था के प्रति कबीर के तीव्र विरोध को सटीकता से रेखांकित करती है। वर्णाश्रम–व्यवस्था के हितचिंतकों द्वारा अपने उद्देश्यों के अनुकूल राम कथा को इस सूक्ष्मता से बुना गया है कि लोकमानस में वे पूरी तरह से रच–बस गई हैं। यह परिघटना कोई थोड़े समय में घटित नहीं हुई है। निश्चय ही यह क्रम कबीर के बहुत पहले से ही, पुराणों के शुरुआती रचना–काल से ही शुरु हो गया होगा। कबीर को भी लोकपरंपरा से अवतारी राम के जीवन की वे घटनाएँ जानने–सुनने को मिली होंगी और उनपर सहज विश्वास कर लेने के कारण वह उन

सबको सच भी मानते होंगे। वे घटनाएँ कबीर की मानवीय संवेदना के ठीक विपरीत थीं। कबीर कैसे स्वीकार कर सकते थे कि उन्हीं के समान एक दलित, शंबूक को सिर्फ इस अपराध के लिए कि वह शूद्र होते हुए भी आत्म–साक्षात्कार पाने की अनधिकारिक चेष्टा कर रहा था, जिस राम ने मृत्युदंड दे दिया था, वह ईश्वर के अवतार हैं, खुद परब्रह्म हैं!

कबीर की संवेदना में जिस ईश्वर की कल्पना और अनुभूति व्याप्त है, वह ईश्वर तो न सिर्फ सबको एक समान मानता है, बल्कि सबमें एक समान भाव से व्याप्त है। उनकी संवेदना में बसे राम तो 'बाहर–भीतर सकल निरंतर' हैं। ब्राह्मणवादी वर्चस्वशील व्यवस्था के स्वार्थों और हितों के अनुरूप ढाले गए, पुराण–प्रतिपादित अवतारी राम भला कबीर की विराट मानवीय संवेदना के धरातल पर कैसे प्रतिष्ठित हो सकते थे!

'रमता राम' एक मौलिक अवधारणा है। हालाँकि कबीर के पहले भी यह अवधारणा विद्यमान थी, लेकिन जनसामान्य में इस अवधारणा को पहली बार कबीर ने ही प्रतिष्ठित किया। 'राम' नाम की कुछ व्याख्याएँ पहले से प्रचलित थीं। एक व्याख्या यह थी कि निरंतर ब्रह्म के ध्यान में लीन रहने वाले योगियों के हृदय में जो रमण करते हैं, वह राम हैं। एक दूसरी व्याख्या इससे भी अधिक व्यापक थी कि जो सृष्टि के कण–कण में रमण करते हैं, वही राम हैं। भक्त प्रह्लाद ने भी इसी भाव का साक्षात कर दिखाया था। कबीर की संवेदना इसी व्याख्या के अनुकूल थी। यह ईश्वर की सबसे सहज और सरल व्याख्या थी। कबीर ने कण–कण में रमने वाले इसी 'रमता राम' को अपना आराध्य बनाया। राम–नाम का मंत्र तो उन्हें सदगुरु से ही मिल गया था। गुरु रामानंद की राम–नाम की अवधारणा भी व्यापक थी, वह राम को महज अवतार नहीं मानते थे, बल्कि स्वयं परात्पर ब्रह्म मानते थे।

यदि यह सच है कि गुरु रामानंद से ही कबीर को भक्ति और राम–नाम की दीक्षा मिली थी, तब यह भी स्वीकार किया जा सकता है कि कबीर के रमता राम की अवधारणा में भी रामानंद का विशेष प्रभाव है। लेकिन कबीर के 'रमता राम' में जो धार है, जो तेजस्विता है, वह कबीर की अपनी है। उन्होंने अपने 'रमता राम' को वर्णाश्रम–व्यवस्था के प्रतीक 'अवतारी राम' के मुकाबले खड़ा कर दिया और यह एक अचूक अस्त्र साबित हुआ।

लोकमानस की सतत संवर्धनशील परिकल्पना भी राम को सिर्फ कथानकों और आख्यानों से कहीं बहुत व्यापक मानती आई है। आख्यानों के बाहर के राम को कबीर ने अपनी विलक्षण भक्ति के माध्यम से परिपुष्ट कर दिया। 'रमता राम' की, आख्यानों के बाहर के राम की, निर्गुण राम की, समस्त मूर्तियों से भी अधिक व्यापक मूर्ति की भक्ति भी संभव है, यह बात कबीर ने भली–भाँति सिद्ध कर दी। कबीर के राम को हर कोई अपनी भावना, अपनी कल्पना के अनुसार अपना सकता है। हर कोई अपना खुद का 'राम' गढ़ सकता है। हर कोई सहज भक्ति कर सकता है।

'जहँ–जहँ डोलों सोई परिक्रमा, जो कछु करों सो सेवा।

जब सोवों तब करों दंडवत, पूजों और न देवा।'

इस तरह कबीर ने बिना किसी से मंदिर में जाने का अधिकार माँगे सबको राम सुलभ करा दिया। अब चमार, जुलाहे और अछूत भी राम को पूज सकते हैं, पा सकते हैं। कबीर ने राम का लोकतंत्रीकरण कर दिया। दरअसल, ईश्वर का यही लोकतंत्रीकरण हिन्दी साहित्य का भक्ति आंदोलन था, जिसकी स्वतंत्रतामूलक एवं समतामूलक प्रवृत्तियों को तमाम कोशिशों के बावजूद दोबारा कभी अवरुद्ध नहीं किया जा सका। कबीर के 'रमता राम' की आज के सामाजिक, राजनीतिक और सांस्कृतिक जीवन में यही उपादेयता और प्रासंगिकता है।

यदि काव्य कला, सौंदर्य और संवेदना के धरातल पर भी देखें तो कबीर की रचनाओं को आचार्य रामचन्द्र शुक्ल जैसे महान आलोचकों द्वारा शुष्क, ज्ञानमार्गी, अटपटी, रहस्यवादी, ज्ञान की प्रकृत परंपरा और प्रक्रिया का निषेध करने वाली, लोकविरोधी आदि विशेषण दिया जाना अत्याचार ही लगता है। जिस लोकधर्म और लोकमंगल की भावना को काव्य का केन्द्रीय सरोकार बताया जाता है, उसी कसौटी पर कबीर की काव्य–संवेदना किसी भी अन्य कवि से उन्नीस नहीं ठहराई जा सकती। व्यापक मानवता के प्रति उन्मुख कबीर के काव्यगत सरोकार सिर्फ इसलिए लोकविरुद्ध नहीं हो जाते कि वह ईश्वर को किसी खास देश–काल–रूप–कथानक की सीमा में मानने की बजाय उसे सृष्टि के कण–कण में व्याप्त मानते हैं। कबीर सिर्फ इसलिए रहस्यवादी और ज्ञान की प्रकृत परंपरा का निषेध करने वाले नहीं हो जाते क्योंकि वह संस्कृत के आदिम ग्रंथों में लिखी हुई बातों को बिना कोई तर्क–विवेक किए ज्यों–का–त्यों स्वीकार करने से इन्कार कर देते हैं और अपनी 'आँखन देखी' सच पर डटे रहते हैं। कबीर की भाषा सिर्फ इसलिए शुष्क और अटपटी नहीं हो जाती कि वह काव्य–परंपरा से अनभिज्ञ हैं और वह उसकी परवाह भी नहीं करते।

कबीर की भाषा कितनी सरस और काव्योनुकूल है इसका पता तो सिर्फ इसी से लग जाता है कि एक निरक्षर संत की वाणी होकर भी वह सैकड़ों वर्षों से लोककंठों में सुरक्षित है और आगे भी सुरक्षित रहने वाली है। और यह तो सचमुच आश्चर्य की बात है कि कबीर जैसे प्रेम के अद्भुत दीवाने को आचार्य शुक्ल जैसे उद्भट विद्वान ने ज्ञानाश्रयी शाखा के कवियों के पाले में बैठाकर उनकी रचनाओं को मानक साहित्य मानने से इन्कार कर दिया।

अंत में एक बात और, क्या कबीर सचमुच राम–नाम के द्वंद्व से भी ऊपर उठे हुए नहीं थे? कबीर का वह मशहूर पद 'अलह राम की गम नहीं, तहां कबीर रहा ल्यौ लगाय' क्या हमें नामातीत की तरफ

नहीं ले जाता? 'हमरे राम रहीम करीमा, कैसो अलह राम सति सोई। बिसमिल मटि बिसंभर एकै, और न दूजा कोई।।'यह पद क्या हमें नामों के द्वंद्व से भी मुक्त होने की प्रेरणा नहीं देता?

जिस प्रश्न पर बुद्ध कभी मौन रह जाया करते थे, उसका उत्तर देने की व्यर्थता क्या कबीर ने भी अपनी संपूर्ण मुखरता के बावजूद इस तरह के पदों के माध्यम से नहीं सिद्ध कर दी? इस धरातल पर यदि हम कबीर को देखें तो वह उतने ही ऊँचे, विराट और असाधारण नजर आते हैं जितना हमारी मानस–कल्पना में बसा कोई भी महाकवि अधिक से अधिक हो सकता है।

8

कबीर के प्रमुख दोहे

कस्तूरी कुन्डल बसे, मृग ढूढ़ै बन माहि।

ऐसे घट–घट राम हैं, दुनिया देखे नाहि।

कामी, क्रोधी, लालची, इनसे भक्ति न होय।

भक्ति करे कोई सूरमा, जाति वरन कुल खोय।

काल करै सो आज कर, आज करै सो अब।

पल में प्रलय होयगी, बहुरि करेगौ कब।

कामी लज्जा ना करै, न माहें अहिलाद।

नींद न माँगै साँथरा, भूख न माँगे स्वाद।

कांकर पाथर जोरि कै मस्जिद लई बनाय।

ता चढि मुल्ला बांग दे क्या बहरा हुआ खुदाय।

करता था सो क्यों किया, अब करि क्यों पछताय।

बोवे पेड बबूल का, आम कहां से खाय।

काल करे सो आज कर, आज करे सो अब।

पल में प्रलय होएगी, बहुरि करेगा कब।

कर बहियां बल आपनी, छोड़ बीरानी आस।

जाके आंगन नदि बहे, सो कस मरत प्यास।

कथनी कथी तो क्या भया जो करनी ना ठहराइ।

कालबूत के कोट ज्यूं देखत ही ढहि जाइ।

कबिरा गरब न कीजिये, कबहूं न हंसिये कोय।

अबहूं नाव समुंद्र में, का जाने का होय।

कबीरा गर्व ना किजीये, उंचा देख आवास।

काल परौ भुइं लेटना, उपर जमसी घास।

कबीरा खड़ा बजार में, सब की चाहे खैर।

ना काहू से दोस्ती, ना काहू से बैर।

कबीरा सोई पीर हैं, जो जाने पर पीर।

जो पर पीर न जानई, सो काफिर बेपीर।

कबीरा ते नर अँध है, गुरु को कहते और।

हरि रूठे गुरु ठौर है, गुरु रूठे नहीं ठौर।

कबीरा सोया क्या करे, उठि न भजे भगवान।
जम जब घर ले जायेंगे, पड़ी रहेगी म्यानै।

कबीर सुता क्या करे, करे काज निवार।
जिस पंथ तू चलना, तो पंथ संवार।

कबीर माला काठ की, कहि समझावै तोहि।
मन न फिरावै आपणा, कहा फिरावै मोहि।

कबीर तूं काहै डरै, सिर पर हरि का हाथ।
हस्ती चढि नहि डोलिये, कुकर भूखे साथ।

कबीर घोड़ा प्रेम का, चेतनि चढ़ि असवार।
ग्यान षड्ग गहि, काल सिरि, भली मचाई मार।

कबीर रेख स्यंदूर की, काजल दिया न जाइ।
नैनूं रमैया रमि रह्या, दूजा कहाँ समाइ।

कबीर नवै सब आपको, पर को नवै न कोय।
घालि तराजू तौलिये, नवै सो भारी होयै।

सूरा के मैदान में, कायर का क्या काम।
कायर भागे पीठ दे, सूरा करे संग्राम।

सतनाम जाने बिना, हंस लोक नहिं जाए।
ज्ञानी पंडित सूरमा, कर कर मुये उपाय।

सुख मे सुमिरन ना किया, दुख में करते याद।

कह कबीर ता दास की, कौन सुने फरियाद।

साई इतना दीजिए जामें कुटुंब समाय।

मैं भी भूखा ना रहूं साधु न भूखा जाय।

सुमिरन करहु राम का, काल गहै है केस।

न जानो कब मारिहै, का घर का परदेस।

सांच बराबर तप नहीं, झूठ बराबर पाप।

जाके हिरदय सांच हें, वाके हिरदय आप।

सहज सहज सब कोऊ कहै, सहज न चीन्है कोइ।

जिन्ह सहजैं विषया तजी, सहज कहीजै सोइ।

सुखिया सब संसार है खावै और सोवै।

दुखिया दास कबीर है जागै अरू रोवै।

सात समंदर की मसि करौं लेखनि सब बनराइ।

धरती सब कागद करौं हरि गुण लिखा न जाइ।

सतगुरु मिला जु जानिये, ज्ञान उजाला होय।

भ्रम का भांड तोड़ि करि, रहै निराला होय।

साधु ऐसा चाहिए जैसा सूप सुभाय।

सार–सार को गहि रहै थोथा देई उडाय।

साधू गाँठ न बाँधई उदर समाता लेय।

आगे पाछे हरी खड़े जब माँगे तब देय।

शीलवन्त सबसे बड़ा, सब रतनन की खान।

तीन लोक की सम्पदा, रही शील में आन।

जो तोको कांटा बुवै, ताहि बोओ तू फूल।

ताहि फूल को फूल हैं, वाको हैं तिरसूल।

जो जल बाढ़े नांव में, घर में बाढ़े दाम।

दोऊ हाथ उलीचिये, यही सयानो कामै।

जो गुरु ते भ्रम न मिटे, भ्रान्ति न जिसका जाय।

सो गुरु झूठा जानिये, त्यागत देर न लाय।

जिन खोजा तिन पाइयां, गहरे पानी पैठ।

मैं बौरी बन डरी, रही किनारे बैठ।

जाति न पूछो साधु की, पूछ लीजिए ज्ञान।

मोल करो तलवार का, पड़ा रहन दो म्यान।

जग में बैरी कोई नहीं, जो मन शीतल होय।

यह आपा तो ड़ाल दे, दया करे सब कोय।

जहाँ काम तहाँ नाम नहिं, जहाँ नाम नहिं वहाँ काम।

दोनों कबहूँ नहिं मिले, रवि रजनी इक धाम।

जहां दया तहं धर्म है, जहां लोभ तहं पाप।
जहां क्रोध तहं काल है, जहां क्षमा आप।

जैसे तिल में तेल है, ज्यों चकमक में आग।
तेरा साईं तुझ में है, तू जाग सके तो जाग।

जब में था हरि नहीं, अब हरि हैं मैं नाहिं।
सब अंधियारा मिटी गया, जब दीपक देख्या माहिं।

जब तूं आया जगत में, लोग हसें तू रोए।
एसी करनी ना करी, पाछे हसें सब कोए।

जीवत समझे जीवत बुझे, जीवत ही करो आस।
जीवत करम की फाँस न काटी, मुए मुक्ति की आस।

जेहि खोजत ब्रह्मा थके, सुर नर मुनि अरु देव।
कहै कबीर सुन साधवा, करु सतगुरु की सेव।

ज्यों नैनों में पुतली, त्यों मालिक घट माहिं।
मूरख लोग ना जानहीं, बाहिर ढूंढ़न जाहिं ।

पोथी पढ़ पढ़ जग मुआ, पंड़ित भया न कोय।
ढाई आखर प्रेम का, पढ़े सो पंड़ित होय।

प्रेम न बाड़ी ऊपजै, प्रेम न हाट बिकाय।
राजा परजा जेहि रूचौ, सीस देइ ले जाय।

पतिबरता मैली भली, गले काँच को पोत।

सब सखियन में यों दिपै, ज्यों रवि ससि की जोत।

पूरब दिसा हरि को बासा, पश्चिम अलह मुकामा।

दिल महं खोजु, दिलहि में खोजो यही करीमा रामा।

पाँच पहर धन्धे गया, तीन पहर गया सोय।

एक पहर हरि नाम बिन, मुक्ति कैसे होय।

पहले अगन बिरहा की, पाछे प्रेम की प्यास।

कहे कबीर तब जानिए, नाम मिलन की आस।

पाहन पूजै हरि मिले, तो मैं पूजूं पहार।

ताते यह चाकी भली, पीस खाए संसार।

परनारी का राचणौ, जिसकी लहसण की खानि।

खूणैं बेसिर खाइय, परगट होइ दिवानि।

परनारी राता फिरैं, चोरी बिढ़िता खाहिं।

दिवस चारि सरसा रहै, अति समूला जाहिं।

पूरा सतगुरु न मिला, सुनी अधूरी सीख।

स्वाँग यती का पहिनि के, घर घर माँगी भीख।

चलती चक्की देखि कै, दिया कबीरा रोय।

दुइ पट भीतर आइ कै, साबित गया न कोय।

चारिउं वेदि पठाहि, हरि सूं न लाया हेत।

बालि कबीरा ले गया, पंडित ढूंढे खेत।

चाह गई चिंता मिटी, मनुआ बेपरवाह।

जिसको कुछ नहीं चाहिए वह शहनशाह।

माली आवत देख कै कलियन करी पुकार।

फूली फूली चुन लिए, काल्हि हमारी बार।

माला फेरत जुग भया, फिरा न मन का फेर।

कर का मन का डार दे, मन का मनका फेर।

माया मरी न मन मरा, मर–मर गए शरीर।

आशा तृष्णा न मरी, कह गए दास कबीर।

माया दीपक नर पतंग, भ्रमि भ्रमि ईवै पडंत।

कहै कबीर गुरु ज्ञान ते, एक आध उबरंत।

मन माया तो एक हैं, माया नहीं समाय।

तीन लोक संसय परा, काहि कहूं समझाय।

माटी कहे कुम्हार से, तु क्या रौंदे मोय।

एक दिन ऐसा आएगा, मैं रौंदूगी तोय।

मूरख संग ना कीजिए, लोहा जल ना तिराइ।

कदली, सीप, भुजंग–मुख, एक बूंद तिहँ भाइ।

मांगण मरण समान है, बिरता बंचौ कोई।
कहै कबीर रघुनाथ सूं, मति रे मंगावे मोहि।

मुंड मुंडावत दिन गए, अजहूँ न मिलिया राम।
राम नाम कहू क्या करे, जे मन के औरे काम।

मूल ध्यान गुरु रूप है, मूल पूजा गुरु पाँव।
मूल नाम गुरु वचन है, मूल सत्य सतभाव।

एक राम दशरथ का प्यारा, एक राम का सकल पसारा।
एक राम घट घट में छा रहा, एक राम दुनिया से न्यारा।

एकै साध सब सधै, सब साधे राब जाय।
जो तू सींचे मूल को, फूले फल अघाय।

ऐसी बानी बोलिए, मन का आपा खोइ।
आपन को सीतल करे, और हु सीतल होइ।

एक कहूँ तो है नहीं, दो कहूँ तो गारी।
है जैसा तैसा रहे, कहे कबीर बिचारी।

धरती सब कागद करूं, लेखनी सब बनराय।
साह सुमुंद्र की मसि करूं, गुरु गुण लिखा न जाय।

धीरे–धीरे रे मना, धीरे सब कुछ होय।
माली सींचे सौ घड़ा, घ्तु आए फल होय।

रज गुन ब्रह्मा तम गुन संकर सत्त गुन हरि सोई।

कहै कबीर राम रमि रहिये हिन्दू तुरक न कोई।

रात गंवाई सोय के, दिवस गंवाया खाय।

हीरा जन्म अमोल था, कोड़ी बदले जाय।

लाली मेरे लाल की जित देखों तित लाल।

लाली देखन मैं चली, हो गई लाल गुलाल।

लूट सके तो लूट ले, राम नाम की लूट।

पाछे फिरे पछताओगे, प्राण जाहिं जब छूट।

ऊंचे कुल का जनमिया, जे करणी ऊंच होइ।

सुबण कलस सुरा भरा, साधू निन्दै सोइ।

उठा बगुला प्रेम का तिनका चढ़ा अकास।

तिनका तिनके से मिला तिन का तिन के पास।

गुरु गोबिंद दोऊ खड़े, का के लागूं पाय।

बलिहारी गुरु आपनै, गोबिंद दियो मिलाय।

गुरु कीजिए जानि के, पानी पीजै छानि।

बिना विचारे गुरु करे, परे चौरासी खानि।

गुरु किया है देह का, सतगुरु चीन्हा नाहिं।

भवसागर के जाल में, फिर फिर गोता खाहि।

गुरु लोभ शिष लालची, दोनों खेले दाँव।

दोनों बूड़े बापुरे, चढ़ि पाथर की नाँव।

गाँठि न थामहिं बाँध ही, नहिं नारी सो नेह।

कह कबीर वा साधु की, हम चरनन की खेह।

हीरा पड़ा बाजार में, रहा छार लपटाय।

बहुतक मूरख चलि गए, पारख लिया उठाय।

तिनका कबहुँ ना निंदये, जो पाँव तले होय।

कबहुँ उड़ आँखो पड़े, पीर घानेरी होय।

बुरा जो देखन मैं चल्या, बुरा न मिलिया कोय।

जो दिल खोजा आपना, मुझसा बुरा न कोय ।

बडा हुआ तो क्या हुआ जैसे पेड़ खजूर।

पंथी को छाया नही फल लागे अति दूर ।

बोली एक अनमोल है, जो कोइ बोलै जानि।

हिये तराजू तौल के, तब मुख बाहर आनि।

दोष पराए देख कर चल्या हंसत हंसत।

अपनै चीति न आबई जाको आदि न अंतघ

दर्शन करना है तो, दर्पण माँजत रहिये।

दर्पण में लगी कई, तो दर्श कहाँ से पाई।

दुःख में सुमिरन सब करे सुख में करै न कोय।

जो सुख में सुमिरन करे दुःख काहे को होय ।

नये धोये क्या हुआ, जो मन मैल न जाय।

मीन सदा जल में रहै, धोये बास न जाय।

निंदक नियरे राखिए, ऑगन कुटी छवाय।

बिन पानी, साबुन बिना, निर्मल करे सुभाय।

आय हैं सो जाएँगे, राजा रंक फकीर।

एक सिंहासन चढ़ि चले, एक बँधे जात जंजीर।

अकथ कहानी प्रेम की, कुछ कही न जाये।

गूंगे केरी सर्करा, बैठे मुस्काए।

अति का भला न बोलना, अति की भली न चूप।

अति का भला न बरसना, अति की भली न धूप।

यह तन विषय की बेलरी, गुरु अमृत की खान।

सीस दिये जो गुरु मिलै, तो भी सस्ता जान।

9
ग्रंथावली

कबीर निर्गुण सन्त काव्यधारा के ऐसे शब्द–साधक हैं जिन्होंने अपने युग की धार्मिक, सामाजिक एंव राजनीतिक व्यवस्था से टकराकर अद्‌भुत शक्ति प्राप्त की। पारम्परिक सांस्कृतिक प्रवाह में सम्मिलित प्रदूषित तत्वों को छानकर उसे मध्यकाल के लिए ही आस्वादनीय नहीं, बल्कि आधुनिक जनमानस के लिए भी उपयोगी बना दिया। भारतीय धर्म साधना में निडर तथा अकुंठित व्यक्तित्व विरले है। पंडितों, मौलवियों, योगियों आदि से लोहा लेकर कबीर ने जन साधारण के स्वानुभूतिजन्य विचारों और भावों की मूल्यवत्ता स्थापित की। कबीर की वाणी संत–कंठ से निसृत होकर साधकों, अनुयायियों एंव लोक जीवन मे स्थान एंव रुचि भेद के अनुसार विविध रूपों में परिणित हो गयी। इसलिए कबीर की वाणी के प्रामाणिक पाठ निर्धारण की जटिल समस्या खड़ी हो गयी। कबीर पंथ में बीजक की श्रेष्ठता मान्य है, विद्वानों ने ग्रंथावलियों को महत्व दिया है। सामान्य जन के लिए लोक में व्याप्त कबीर वाणी ग्राह्य है।

ग्रंथावली का संपादन

अतः तीनों परम्परओं में से किसी को भी त्यागना उचित नहीं है। फलतः कबीर की रचनाओं का समग्र रूप तीनों के समाहार से ही संभव है। प्रस्तुत ग्रंथावली का संपादन इसी दृष्टि से किया गया है। इसमें अपनी इच्छित दिशा में आवश्यकता से अधिक खींचकर पाठकीय सोच को कुंठित करने की चेष्टा नहीं की गयी है। कबीर–वाणी के प्रामाणिक एवं समग्र पाठ से तथा उसमें निहित विचारों, भावों एवं समग्र पाठ की दृष्टि से तथा उनमें निहित विचारों, भावों एंव अनुभूतियों को उद्‌घाटित करने की दृष्टि से यह कृति निश्चित ही उपादेय सिद्ध होगी।

रामकिशोर शर्मा का कथन

जो व्यक्ति काल के विरुद्ध खड़ा होता है उसे चतुर्दिक से आघात सहने पड़ते हैं, सम्पूर्ण अस्तित्व को मिटा देने वाले आघातों से जब वह अक्षत शेष रह जाता है तो जनमानस इस अनुमान से उसकी ओर दौड़ पड़ता है कि उसमें कुछ असाधारण अवश्य है। उसके विषय में तरह–तरह की किंवदन्ती बनने लगती हैं। निरन्तर वह असाधारण होता जाता है, यहाँ तक कि उसे ईश्वरीय अवतार भी मान लिया जाता है। कबीर कुछ इसी तरह के व्यक्ति हैं, जो गौतम बुद्ध, महावीर आदि की तरह राजघराने की शक्ति सम्पन्नता तथा वैभव की पृष्ठभूमि नहीं रखते थे, एक नितान्त उपेक्षित तिरस्कृत परिवार की पृष्ठभूमि से उठकर धार्मिक व्यवस्था, सामाजिक व्यवस्था के विरुद्ध अपनी जान को जोखिम में डालकर खड़े हो गए। उन्होंने जो कुछ किया ईश्वर के आदेश से ही किया। उनकी साधना, आत्मा, परमात्मा एवं जीवन की विविध अनुभूतियाँ कवित्वमय वाणी में जब उद्‌घोषित होने लगीं तो उनके सम्पर्क में रहने वाले संतों, श्रद्धालु, शिष्यों तथा जनता ने उन्हें उपयोगी समझकर अपने मस्तिष्क में अंकित कर लिया, कुछ ने उन्हें आगे पीछे लिपि बद्ध भी किया। जैसे पहाड़ी घाटी में तेज आवाज से

चिल्लाने पर कुछ देर तक वाणी की प्रतिध्वनि गूँजती रहती है, उसी तरह महान् रचनाकार की वाणी जनता के हृदय–गुहा में ध्वनित, प्रतिध्वनित होती है, यह सिलसिला शताब्दियों तक चलता रहता है। बड़ा रचनाकार सिर्फ रचना नहीं बल्कि रचनात्मक क्षमता को उत्तेजित भी करता है। उसके पाठक और श्रोता उसकी रचना में अपनी रचना को भी मिलाने का प्रयत्न करते हैं या बड़े रचनाकार को प्रमाण (आप्त) मानकर अपनी रचना को उसके नाम की मुहर से प्रचारित, प्रसारित करने का दुस्साहस भी करते हैं।

मुझे श्याम सुन्दर दास की ग्रंथावली कतिपय कारणों से अधिक प्रामाणिक लगती है, हिन्दी जगत में उसकी स्वीकृत भी अपेक्षाकृत अधिक है। वैज्ञानिक पाठ निर्धारण में सबसे अधिक उपेक्षा लोक मानस में प्रतिष्ठित कबीर के पाठों की हुई है। लोक में कबीर की जो वाणी मौखिक परम्परा से चली आ रही है उसको शत–प्रतिशत शुद्ध तो नहीं माना जा सकता किन्तु उसकी मूल चेतना में कबीर की चेतना मौजूद है उसे अस्वीकार नहीं किया जा सकता है। डॉ.माता प्रसाद गुप्त, श्यामसुन्दर दास, डॉ.रामकुमार वर्मा, डॉ.पारसनाथ तिवारी, जयदेव सिंह, डॉ.शुकदेव सिंह आदि अनेक विद्वानों द्वारा संपादित कबीर के पाठ को हिन्दी के विद्वान तथा प्रबुद्ध पाठक प्रामाणिक मानकर स्वीकार करते हैं। हजारी प्रसाद द्विवेदी ने कबीर के परिशिष्ट में जो श्कबीर वाणीश को संकलित किया है उसमें लोक परम्परा भी अनुस्यूत है। मैंने 'कबीर ग्रंथावली' का संपादन उपर्युक्त ग्रंथों के आधार पर किया है। इसमें इस बात पर विशेष ध्यान रहा कि कोई भी परम्परा पूरी तरह उपेक्षित न रहे।

10

कबीर के बीजक

बीजक कबीर वाणी का प्रामाणिक ग्रन्थ कहा जाता है। यह कबीर द्वारा ही लिखा गया है, इसमें सन्देह है। कबीर ने जिस भाषा और शैली में अपनी वाणी कही है, वह उनके साहित्यिक एवं शास्त्रीय निष्ठा का प्रमाण नहीं देती। कबीर की साखी यह कहती है– कबीर संसा दूर करु, पुस्तक देई बहाय। और जनश्रुति यह कहती है कि मसि कागद छूयो नहीं, कलम गही नहिं हाथ। तब उन्होंने बीजक ग्रन्थ लिखा होगा, इसमें बहुत सन्देह होता है।

मौखिक उपदेश

कबीर ने तो अपने सिद्धान्त और उपदेश मौखिक रूप में ही दिये। उन्होंने सदैव “कहै कबीर सुनो भाई सन्तो” ही कहा, ”लिखै कबीर पढ़ो भाई सन्तो” जैसी पंक्ति कभी नहीं लिखी। अतरू जो वाणी उन्होंने कही, वह मौखिक रूप में ही प्रचारित हुई। यह बात अवश्य कही जा सकती है कि जो कुछ भी उन्होंने कहा, उसे उनके शिष्यों ने लिखा और कबीर के नाम से प्रचारित किया। यह भी सम्भव है कि शिष्यों की बहुत सी वाणी कबीर के नाम से ही प्रचारित हुई हो। यही

कारण है कि आज कबीर के नाम से लगभग 61 ग्रन्थ मिलते हैं, जिनमें से काफी संख्या ऐसे ग्रन्थों की है, जो कबीर के बाद लिखे गये और जिनमें उन सिद्धान्तों की चर्चा है, जिनमें बाह्याचार और कर्मकाण्ड का निरूपण विशेष रूप से हुआ। कबीर ने बाह्याचार और कर्मकाण्ड की सदैव ही निन्दा की। अतरू वे ग्रन्थ कबीर द्वारा निर्मित नहीं हो सकते।

बीजक मूल ग्रंथ

कबीरपन्थियों तथा सामान्य पाठकों में (बीजक) कबीर साहब के सिद्धान्तों का मूल ग्रन्थ माना जाता है। कहा जाता है कि कबीर की चोरी से उनका एक भक्त भगवानदास (बीजक) की प्रति को ले भागा। कहते हैं बीजक लेकर भागने के कारण ही यह भगवानदास (भग्गू) के नाम से निन्दित हुआ। (बीजक) की टीका लिखने वाले (विश्वनाथ सिंह जू देव) ने कबीर साहब के द्वारा कही गयी बीजक के सम्बन्ध में कुछ चौपाइयों का निर्देश किया है–

"भग्गूदास की खबरि जनाई। ले चरनामृत साधु पियाई।।

कोऊ आप कह कालिंजर गयऊ। बीजक ग्रन्थ चोराइ ले गयऊ।।

सतगुरु कह वह निगुरा पन्थी। काह भयौ लै बीजक ग्रन्थी।।

चोरी करि वै चोर कहाई। काह भयो बड़ भक्त कहाई।

बीजमूल हम प्रगट चिह्नाई। बीज न चीह्नो दुर्मीत लाई।।"

कबीरपन्थी श्महात्मा पूरन साहेब) ने कबीर साहब के मुख्य ग्रन्थ मूल बीजक की जो टीका लिखी है, उसके अनुसार (बीजक) के निम्नलिखित ग्यारह अंगों का निर्देश और विस्तार निम्न प्रकार से दिया है–

- रमैनी – 84,
- शब्द – 115,
- ज्ञान चौंतीसा –34,
- विप्रमतीसी – 1,
- कहरा – 12,
- वसन्त – 12,
- चाचर – 2,
- बेलि – 2,
- बिरहुली – 1,
- हिंडोला – 3,
- साखी – 353।

इस भाँति बीजक में छन्दों की कुल संख्या 619 है।

(बीजक) शब्द तांत्रिक उपासना से सम्बद्ध ज्ञात होता है। बौद्ध तंत्र में जिन सूत्रों से रहस्यमय तत्त्व की उपलब्धि होती है, उन्हें (बीज सूत्र) या (बीजाक्षर) का नाम दिया गया। इसी (बीजाक्षर) में मन्त्रों की सृष्टि मानी गयी। इस भाँति बीजाक्षर से शब्द तत्त्व का भी बोध हुआ। बौद्ध धर्म की वज्रयानी परम्परा से कालान्तर में सन्त सम्प्रदाय के स्रोत मिलते हैं। इस सन्त सम्प्रदाय में शब्द का बहुत महत्त्व है। सन्त सम्प्रदाय के काव्य में (शब्द) और (साखी) का विशिष्ट अर्थ और महत्त्व समझा जाता है। इसी (बीजक) ग्रन्थ में (रमैनी) (37) में (बीजक) के सम्बन्ध में विवेचन किया गया है–

"एक सयान सयान न होई। दूसर सयान न जाने कोई।।

तीसर सयान सयान दिखाई। चौथे सयान तहाँ ले जाई।।

पचये सयान न जाने कोई। छठये मा सब गैल बिगोई।।

सतयाँ सयान जो जानहु भाई। लोक वेद मों देउ देखाई।।"

"बीजक वित्त बतावै। जो वित्त गुप्ता होय।

ऐसे शब्द बतावै जीवको। बुझे बिरला कोय।"– साखी

उपर्युक्त उद्धरण में (बीजक) का सम्बन्ध (शब्द) से ही जोड़ा गया है। सयान की मीमांसा निम्न प्रकार से समझी जा सकती है–

एक सयान–ब्रह्म,

दूसर सयान–माया,

तीसर सयान–त्रिगुण–(भक्ति, ज्ञान और योग),

चौथे सयान–चारों वेद,

पचयें सयान– पाँचों तत्त्व (आकाश, वायु, अग्नि, जल, पृथ्वी),

छठयें सयान–मन के दोष (काम, क्रोध, लोभ, मोह, मद, मत्सर),

सतयाँ सयान–शब्द।

इस भाँति (बीजक) वास्तविक तत्त्व का बोधक है। यह तत्त्व संसार में गुप्त रहता है। (बीजक) के द्वारा ही ब्रह्म के वास्तविक तत्त्व (शब्द) का बोध होता है, जिससे समस्त सृष्टि का निर्माण हुआ है।

बीजक का मुद्रण

कबीर की वाणियों में (बीजक) का मुद्रण सबसे पहले हुआ। इसका कारण है कि कबीरपन्थी (बीजक) को सर्वाधिक प्रामाणिक तथा

आदरणीय ग्रन्थ मानते हैं। रीवा नरेश (श्री विश्वनाथ सिंह) की टीका के साथ "बीजक" 1872 ई. से पहले मुद्रित हुआ था। पादरी प्रेमचन्द, पूर्णदास, पादरी अहमदशाह, महर्षि शिवव्रत लाल, विचारदास, साधु लखन दास, हनुमान दास, भगवान साहब, गोस्वामी साहब, महाराज राघवदास, हंसदास आदि अनेक विद्वानों तथा सन्तों ने "बीजक" का मूलपाठ टीका सहित सम्पादित करके प्रकाशित कराया है।

अनुवाद

अहमदशाह ने "बीजक ऑफ कबीर" का अंग्रेजी अनुवाद किया है।

हनुमान दास ने संस्कृत में "बीजक" की व्याख्या प्रस्तुत की है। इसका प्रकाशन फतुहा पटना से हुआ है।

कबीर की सम्पूर्ण ग्रन्थावली का सम्पादन श्यामसुन्दर दास ने किया है। इसका प्रकाशन 1928 ई. में नागरी प्रचारिणी सभा से हुआ।

कबीर रचनावली का सम्पादन अयोध्यासिंह उपाध्याय ने किया है। इनके अलावा पदों तथा साखियों के अलग–अलग संकलन प्रकाशित हैं। ज्यादातर संकलन कबीरपन्थ से जुड़े सन्तों ने ही किया है।

(आचार्य क्षितिमोहन सेन) ने कबीर शीर्षक से चार भागों में कबीर की रचनाओं का संकलन किया है।

डॉक्टर पारसनाथ तिवारी ने सैंकड़ों ग्रन्थों की छानबीन करके ग्रन्थों को कबीर कृत न होने का प्रमाण प्रस्तुत किया है। तिवारी जी ने दादू पंथी शाखा की पाँच प्रतियों, निरंजनी शाखा की एक प्रति, गुरु ग्रन्थ साहब, दो बीजकों, दो शब्दावलियों, तीन साखी ग्रन्थों, एक सर्वंगी एक गुणगजनामा तथा आचार्य सेन की रचनाओं की तुलना

करके कबीर ग्रन्थावली का मूल पाठ निर्धारित करने का प्रयत्न किया है।

भाषा

निरंजनी दोनों शाखाओं से सम्बन्धित प्रतियों पर राजस्थानी भाषा का व्यापक प्रभाव है। इनकी निरन्तर प्रतिलिपियाँ होती रहीं और भाषा का रूपान्तरण होता रहा। साखियों पर राजस्थानी का प्रभाव अपेक्षाकृ त अधिक है। पदों (सबद) तथा रमैनियों पर यह प्रभाव कम है। डॉक्टर पारसनाथ तिवारी ने इस भेद का कोई कारण निर्दिष्ट नहीं किया। वास्तव में साखियों में जो छन्द अपनाया गया है, वह अपभ्रंश का दूहा छन्द है। अपभ्रंश भाषा का केन्द्र राजस्थान, गुजरात तथा सिन्ध रहा है। अपभ्रंश का प्रचार–प्रसार लगभग सम्पूर्ण हिन्दी प्रदेश में हुआ। उत्तरवर्ती अपभ्रंश, में पूर्वी क्षेत्र के कवियों ने रचनाएँ की हैं। सरहपा और कण्हपा के (दोहा कोश) की भाषा अवहट्ठ है। यह भाषा राजस्थान से आभीरों के साथ पूर्वी भारत में काव्य भाषा के रूप में पहुँची थी। विद्यापति ने भी अपनी दो रचनाओं (कीर्तिलता) और (कीर्ति पताका) में इसी भाषा को माध्यम बनाया था। सरहपा से लेकर विद्यापति तक भाषा के दोहरे रूपों का प्रयोग परिलक्षित होता है। इन कवियों ने गीतों की रचना पूर्वी भाषा में की है और दोहों तथा प्रबन्ध ा काव्यों की रचनाएँ परम्परित काव्यभाषा अवहट्ठ में की हैं। कबीर का भाषिक आदर्श इसी परम्परा के अनुरूप है। इसीलिए उनकी भाषा में राजस्थानी तत्वों की अपलब्धता आश्चर्यजनक नहीं है।

बीजक कबीर का सर्वाधिक प्रामाणिक ग्रन्थ

बीजक के अतिरिक्त कबीर के नाम से प्रचलित अन्य वाणियाँ कबीर के द्वारा ही कही गयी हैं, क्योंकि उनमें प्रक्षेपों की भरमार है। परन्तु यह भी नहीं कहा जा सकता कि 120 वर्ष के लम्बे जीवन में उन्होंने बीजक के अतिरिक्त और कुछ कहा ही नहीं है। बीजक के

अतिरिक्त भी उनकी बहुत सारी वाणियाँ हैंय परन्तु उनकी समस्त वाणियों में बीजक सर्वाधिक प्रामाणिक है। प्रसिद्ध वैष्णव सन्त नाभादास जी महाराज ने कबीर की प्रशंसा करते हुए जो छप्पय कहा है, उसकी एक पंक्ति है– "हिन्दू तुरुक प्रमान रमैनी शब्दी साखी।"

रमैनी, शब्द और साखी का यह क्रम किसी और (कबीर वाणी) में नहीं, अपितु (बीज) में ही है। बीजक ही ऐसा ग्रन्थ है, जिसमें कबीर का क्रान्तिकारी स्वरूप पूर्ण रूप उभरा है।

बीजक पदों का गूढ़त्व और सूत्रत्व

बीजक में कबीर ने अपने नामवाची कबीर, कबिरा, कबीरा, कबिरन, कबीरन आदि अनेक शब्दों का प्रयोग किया है। ऐसा उन्होंने क्यों किया, स्पष्ट रूप से कुछ नहीं कहा जा सकता। कुछ टीकाकारों के ख्याल से ये शब्द एकार्थबोधक हैं और कबीर ने इन सबका प्रयोग अपने लिए ही किया है, केवल छन्द प्रवाह बनाये रखने के लिए मात्राओं में हेर–फेर है। कुछ अन्य टीकाकारों के ख्याल से उपरोक्त सभी शब्द भिन्न–भिन्न अर्थ बोधक हैं। परन्तु दोनों दृष्टि एकांगी हैं। उपर्युक्त सभी शब्द हर जगह कबीर के नाम एवं व्यक्तित्व से भिन्न अर्थ रखते हैं, ऐसी बात नहीं है, परन्तु हर जगह इन सबका एक ही अर्थ किया जाए तो पूरे अर्थ की संगति ही नहीं बैठ सकती। उदाहरणार्थ–

भ्रमि भ्रमि कबिरा फिरै उदासय कबिरन ओट राम की पकरी,

अन्त चले पछिताईय कबिरन भक्ति बिगारिया,

कंकर पत्थर धोयय झूठा खसम कबीरन जानाय

कबिरा बनौरी गावैय तथा तामहँ भ्रमि–भ्रमि रहल कबीरा।

बीजक हमें बरबस ही सूत्र ग्रन्थों की याद दिलाता है, जिसमें

छोटा–सा वाक्य बहुत बड़े अर्थगांभीर्य एवं भाव को छिपाये रहता है। बीजक में रूपक, प्रतीक, अन्योक्तिकथन, उलटवांसी शैली, कहीं पूर्वपक्ष की मान्यताओं का प्रदर्शन कराने के लिए कहे गये वचन आदि होने से हर सिद्धान्त के मानने को अपने दार्शनिक सिद्धान्त की स्थापना के लिए जगह मिल जाती है।

बीजक की अनेक टीकाएँ

देशी–विदेशी अनेक विद्वानों द्वारा बीजक को प्रामाणिक कबीर साहित्य मानकर उसकी अब तक दर्जनों टीकाएँ हो चुकी हैं तथा आज भी होती जा रही हैं। बीजक की अब तक हुई अनेक टीकाएँ ऐसी हैं, जिनकी भाषा–शैली पुरानी होने से वह आज सबकी समझ में ठीक से नहीं आती। कुछ में तो अर्थ अत्यन्त अस्पष्ट एवं भ्रामक हो गया है। और कुछ टीकाएँ तो ऐसी हुई हैं, जिनमें सारे पाखण्ड एवं कुरीतियों को जलाकर राख कर देने वाला कबीर का क्रान्तिकारी विदग्धात्मक रूप ही ओझल हो गया है और वहाँ पर कबीर को परम्परापोषित भक्तकवि बनाकर रख दिया गया है तथा उन्हें किसी अदृश्य, अज्ञात शक्ति के आगे गिड़गिड़ाने वाला भावुक भक्त बना डाला गया है।

11
कबीर की साखी

साखी संस्कृत (साक्षी) का अपभ्रंश रूपान्तर है। जिसे सिद्धों ने श्उपदेशश कहा है, उसे ही सन्तों ने साखी कहा है। साखियों में उनके (अनुभूत सत्य की अभिव्यक्ति) हुई है। सन्त कवि इस प्रकार के विषयों को, विशेषकर अपनी साखियों तथा (शब्दों), अर्थात् पदों के माध्यम द्वारा प्रकट प्रतिपादित करते हैं। (साखी) शब्द संस्कृत के (साक्षी) शब्द का रूपान्तर है, जिसका अर्थ किसी बात को अपनी आँखों देख चुकने वाला और इसी कारण उसके सम्बन्ध में किसी प्रश्न के उठने पर, प्रमाणस्वरूप भी समझा जाने वाला व्यक्ति हुआ करता है तथा कदाचित् इसीलिए कबीर (बीजक) में इस काव्य प्रकार का परिचय (ज्ञान की आँखी) कहकर भी दिया गया है। इन साखियों में प्रधानतरू ऐसे विषय ही आते दीख पड़ते हैं, जिन्हें सन्तों ने अपने दैनिक जीवन में भली–भाँति समझकर प्रमाणित कर लिया है अथवा जिन्हें वे अपनी निज की कसौटी पर पहले से कस चुकने के कारण साधिकार व्यक्त करने की क्षमता रखते हैं।

परशुराम चतुर्वेदी का कथन है (इसका अभिप्राय उस पुरुष से है,

जिसने किसी वस्तु अथवा घटना को अपनी आँखों से देखा हो। इस कारण (साखी) शब्द का तात्पर्य प्रायरू उस पुरुष से हुआ करता है, जो उन वस्तुओं व घटनाओं के विषय में विवाद खड़ा होने पर निर्णय करते समय प्रमाण स्वरूप समझा जा सके। इस प्रकार (साखी) शब्द फिर प्रसंगवश महापुरुषों के लिए प्रयुक्त होते होते, पीछे उनके आप्तवचन का पर्याय बन गया होगा।

साखियों में प्रायरू छन्द का प्रयोग किया गया है। दोहा के अलावा सोरठा, उपमान, मुक्तामणि, अवतार, दोहकीय और गीता छन्दों का भी प्रयोग है।

परशुराम चतुर्वेदी ने इसमें दोहा, चौपाई, श्याम, उल्लास, हरिपद, गीता, सार तथा छप्पै छन्दों का अन्वेषण किया है। साखी का विभाजन श्अंगोंश में किया है। साखियों के कुल 53 अंग हैं। अंग विभाजन में एकरूपता तथा वैज्ञानिकता का अभाव दिखाई देता है। कबीर ने (अंग) शब्द का प्रयोग लक्षण के अर्थ में किया है।

कबीर ग्रन्थावली में (अंग) शब्द विषय वस्तु का द्योतक है और साधना की यात्रा की क्रमिकता की हल्की झलक भी उसमें दिखाई देती है,

छंदो में प्रयोग

साखी रचनाएँ प्रायः (दोहा) नामक छन्दों में पायी जाती है और कभी–कभी इन्हें (सोरठा) में भी व्यक्त किया गया है। इसके अतिरिक्त सन्तों की साखियों के अन्तर्गत बीच–बीच में सार, हरिपद, चौपाई, चौपई, दोही, सरसी, गीता, मुक्तामणि, श्याम उल्लास या छप्पय जैसे छन्द भी आ जाया करते हैं, जिनका (दोहा) के साथ अधिक सम्बन्ध नहीं है। इन साखियों का एक पर्याय (सलोक) भी समझा जाता है, जिसके उदाहरण सिखों के (आदिग्रंथ) में मिलते हैं। परन्तु साखियों

को जहाँ (अंग) जैसे शीर्षकों के नीचे विभिन्न वर्गों में विभाजित किया गया देखा जाता है, वहाँ (सलोकों) के विषय में ऐसा नहीं कहा जा सकता। सन्तों की भाँति सूफी कवियों ने भी इस प्रकार के छन्दों का प्रयोग किया है, किन्तु उनके यहाँ इसे फुटकर रूपों में प्रायरू (दोहरा) नाम दिया गया मिलता है, जो प्रत्यक्षतरू (दोहा) शब्द का ही रूपान्तर हैं। दोहा एवं चौपाई छन्दों का एक साथ प्रयोग सूफी कवियों ने अपनी प्रेमगाथाओं में किया है, जिसका एक रूप कतिपय सन्तों की (रमैनियों) में भी दीख पड़ता है। इन छन्दों के प्रयोग वाला एक दूसरा काव्य–प्रकार (ग्रन्थ–बावनी) नाम से मिलता है, जिसकी द्विपदियों का आरम्भ क्रमशरू नागरी लिपि के बावन अक्षरों से होता है और जिसकी पद्धति पर निर्मित (अखरावती), (ककहरा) आदि तथा फारसी लिपि के अक्षरानुसार लिखे जाने वाले अलिफनामा), (सोहर्फी) आदि पाये जाते हैं।

12
सबद

सबद 'शब्द' का रूपान्तर है। सबद या शब्द का प्रयोग हिंदी के संत–साहित्य में बहुलता से हुआ है। बड़थ्वाल ने गरीबदास के आध ाार पर लिखा है कि–शब्द, गुरु की शिक्षा, सिचण, पतोला, कूची, बाण, मस्क, निर्भयवाणी, अनहद वाणी, शब्दब्रह्म और परमात्मा के रूप में प्रयुक्त हुआ है।

अर्थ

वेद 'शब्दपरक' है और वेद का अर्थ हुआ ज्ञान। अतरू शब्द का भी अर्थ हुआ ज्ञान। वैदिक शब्द अपौरुषेय माने गये हैं और सन्त तथा नाथ–सम्प्रदाय में गुरु की प्रतिष्ठा ब्रह्म के समान ही है, अतरू गुरु की वाणी का नामकरण शब्द, सबद, सबदी है। वैदिक वाणी ही सर्वकर्मों की अधिष्ठातृ और सर्वतोभावेन पालनीय है, उसी प्रकार गुरु–वाणी सर्वज्ञान–सम्पन्न, सर्वकर्माधिष्ठात्री और अतर्क्य भाव से ग्राह्य है। इस परम्परा के कारण कबीर की वाणी को ही वेद–वाणी के रूप में स्वीकृ त किया गया है, क्योंकि 'वाणी हमारी पूरब'– की टीका करते हुए

टीकाकारों ने लिखा है कि 'पूर्व' का अर्थ आदि, अतरू पूर्व की वाणी का अर्थ हुआ आदिकालीन वाणी, अर्थात वेद। 'गोरखबानीश' में सबदी का प्रयोग उपदेश के अर्थ में हुआ है– सबद एक पूछिबा कहो गुरुदयालं, बिरिधि थै क्यूँ करि होइबा बालं। सामान्य रूप से पद रचनाएँ राग–रागनियों में बँधी होती हैं। शब्दों के लिए यह विधान नहीं है। उपदेशात्मक और सिद्धान्त निरूपक गेय पदों को सबदी कहते हैं। 'गोरखबानी' की प्रथम सबदी है–

बसती न सुन्यं सुन्यं न बसती अगम अगोचर ऐसा।

गगन सिखर महि बालक बोले ताका नाँव धरहुगे कैसा।

अनहद नाद की चर्चा करने वाली गीतियों के अर्थ में भी सबद का प्रयोग है, क्योंकि 'गोरखबानी', के अनुसार 'सबद अनाहत' ही सबदी है।

'शब्दस्तोत्रमाला' के अनुसार–

सबद अखण्डित रूप, सबदु नहिं पण्डित होई। जैसा सबद अगाध ा, सकल घट रह्यो समोई।

सबदु करै आचार सबद रोये अरु गावै। निर्गुन सर्गुन बनरि सबद सबही मै पावै।

स्वरूप

सन्तों की 'सबद' (शब्द) अथवा पद नामक रचनाएँ अधिकतर गेय हुआ करती हैं और इनमें उनके आत्मनिवेदन जैसे व्यक्तिगत उद्‌गारों की ही प्रधानता रहती है। आकार की दृष्टि से ये पद छोटे या बड़े, सभी प्रकार के हो सकते हैं, किन्तु इनकी कोई–न–कोई पंक्ति ऐसी भी होती है, जो 'टेकश' या 'रहाउ' के रूप में दोहराई जाती है। इन पदों

को ही सन्तों की 'बानी' कहने की भी प्रथा है, यद्यपि इस शब्द का प्रयोग उनकी सभी प्रकार की रचनाओं के लिए भी किया गया मिलता है। पदों एवं साखियों की रचना केवल फुटकर पद्यों के रूप में की गयी दीख पड़ती है, किन्तु रमैनियों के विषय में हम ऐसा नहीं कह सकते। इनकी दोहा–चौपाइयाँ एक साथ क्रमिक रूप में आकर किसी विषय के विवरणात्मक वर्णन के लिए अधिक उपयुक्त ठहरती है। 'सबद' या 'शब्द' प्रायरू गेय होते हैं। अतरू राग रागिनियों में बँधे पर 'सबद' या शब्द कहते जाते रहे हैं। सिद्धों से लेकर निर्गुणी, सगुणी सभी संप्रदाय के संत अथवा भक्तों ने विविध राग रागिनियों में पदरचना की है। परंतु प्रत्येक गेय पद सबद नहीं कहा जाता। संतों की अनुभूति 'सबद' कहलाती है। कबीर की रचनाओं में 'सबद'का बहुत प्रयोग हुआ है और भिन्न भिन्न अर्थों में हुआ है। हजारीप्रसाद द्विवेदी ने अपने 'हिंदी साहित्य का आदिकालश शीर्षक ग्रंथ में लिखा है –

संवत्‍ 1715 की लिखी हुई एक प्रति से संगृहीत और गोरखबानी में उद्धृत पदों को 'सबदी' कहा गया है। कबीर ने संभवतरू वहीं से 'सबद' ग्रहण किया होगा।,

काव्यरूप

कबीर साहित्य में दूसरा प्रिय काव्य रूप है, पद जिसे श्सबदश कहा गया है। पदों में साखियों के भाव का विस्तार किया गया है। 'सबद' में शब्द ब्रह्म का भाव भी निहित है, सम्भवतरू इसीलिए सन्तों ने इस संज्ञा का प्रयोग किया है। कबीर के पद पूर्णतया गेय हैं। पद शैली की रचना सिद्धों द्वारा चर्यापदों के रूप में आदिकाल से ही शुरू कर दी गयी थी। सन्तों द्वारा इस परम्परा का ग्रहण वहीं से हुआ। साखियों में पदों की अपेक्षा उपदेश की वृत्ति अधिक है। स्वानुभूत भावों के सहज उद्‌गार से इन पदों का सृजन हुआ है। इसीलिए इनमें वैयक्तिक अनुभूति की प्रधानता है। इसमें एक ही पद के अन्तर्गत कई

छन्दों का समावेश कर लिया गया है, जैसे दोहा, सरसी आदि। जहाँ एक ही छन्द का प्रयोग हुआ है, वहाँ अधिकतर रूपमाला, तांटक, विष्णुपद में से कोई एक छन्द है। कबीर की रचनाओं के कुछ संग्रहों में पदों के साथ रागों का निर्देश भी किया गया है। इन्हें तरह–तरह से गाया जाता है।

13

कबीर –हजारी प्रसाद द्विवेदी

कबीर धर्मगुरु थे। इसलिए उनकी वाणियों का आध्यात्मिक रस ही आस्वाद्य होना चाहिए, परंतु विद्वानों ने नाना रूप में उन वाणियों का अध्ययन और उपयोग किया है। काव्य रूप में उसे आस्वादन करने की प्रथा ही चल पड़ी है, समाजसुधारक के रूप में, सर्वधर्म समन्ध्वयकारी के रूप में, हिंदू मुस्लिम ऐक्य विधायक के रूप में, विशेष सम्प्रदाय के प्रतिष्ठाता के रूप में और वेदांत व्याख्याता दार्शनिक के रूप में भी उनकी चर्चा कम नहीं हुई है। यों तो 'हरि अनंत हरि कथा अनंता, विविध भाँति गावहिं श्रुति संता' के अनुसार कबीर कथित 'हरि कथा' का विविध रूपों में उपयोग होना स्वाभाविक ही है, पर कभी कभी उत्साह–परायण विद्वान गलती से कबीर को इन्हीं रूपों में से किसी एक का प्रतिनिधि समझ कर ऐसी ऐसी बातें करने लगते हैं जो असंगत कही जा सकती हैं।

संतुलित और सम्यक्ष मूल्यांकन

आचार्य हजारी प्रसाद द्विवेदी पहले विद्वान हैं, जिन्होंने इस प्रकार

के एकांगी दृष्टिकोण से बचाकर कबीर के बहुमुखी व्यक्तित्व और कृतित्व का समग्र रूप में संतुलित और सम्यक्छ मूल्यांकन किया है। उनका मत है कि कबीरदास में इन सभी रूपों का समंवय था, किंतु उनका वास्तविक रूप भक्त का ही था और अन्य सारे रूपों को उन्होंने भक्ति के साधन के रूप मे स्वीकार किया था।

आलोचना साहित्य में अद्वितीय

आचार्य द्विवेदी की प्रस्तुत कृति आज भी कबीर विषयक आलोचना साहित्य में अद्वितीय मानी जाती है और कबीरदास के कृतित्व और व्यक्तित्व को समग्र रूप में हृदयंगम करने के लिए यह अकेली पुस्तक पर्याप्त है, ऐसा विद्वानों का मत है।

अनुवाद

पुस्तक के अंत में उपयोगी समझ कर श्कबीर वाणीश नाम से कुछ चुने हुए पद्य संग्रह किये गये हैं। उनके शुरू के सौ पद श्आचार्य क्षितिमोहन सेनश के संग्रह के हैं। इन्हीं को कविवर रवींद्रनाथ ठाकुर ने अंग्रेजी में अनूदित किया था।

हजारीप्रसाद द्विवेदी के शब्दों में

'कबीर' लिखते समय नाना साधनाओं की चर्चा प्रसंगवश आ गई है। उनके उसी पहलू का परिचय विशेष रूप से कराया गया है जिसे कबीरदास ने अधिक लक्ष्य किया था। पाठक पुस्तक में यथास्थान पढ़ेंगे कि कबीरदास बहुत–कुछ को अस्वीकार करने का अपार साहस लेकर अवतीर्ण हुए थे। उन्होंने तत्काल प्रचलित नाना साधन–मार्गों पर उग्र आक्रमण किया है। कबीरदास के इस विशेष दृष्टिकोण को स्पष्ट रूप से हृदयंगम कराने के लिए मैंने उसकी ओर पाठक की सहानुभूति पैदा करने की चेष्टा की है। इसीलिए कहीं–कहीं पुस्तक में ऐसा लग सकता है कि लेखक भी व्यक्तिगत भाव से किसी साध

ान–मार्ग का विरोधी है, परंतु बात ऐसी नहीं है। जहाँ कहीं भी अवसर मिला है वहीं लेखक ने इस भ्रम को दूर करने का प्रयास किया है, पर फिर भी यदि कहीं भ्रम का अवकाश रह गया हो तो वह इस वक्तव्य से दूर हो जाना चाहिए। कबीरदास ने तत्कालीन नाथपंथी योगियों की साधन–क्रिया पर भी आक्षेप किया है, यथास्थान उसकी चर्चा की गई है। पुस्तक के अधिकांश स्थलों में 'योगी' शब्द से इन्हीं नाथपंथी योगियों से तात्पर्य है। समाधि के विरुद्ध जहाँ कहीं कबीरदास ने कहा है वहाँ 'जड़–समाधि' अर्थ समझना चाहिए। यथाप्रसंग पुस्तक में इसकी चर्चा आ गई है। वैसे, कबीरदास जिस सहज समाधि की बात कहते हैं वह योगमार्ग से असम्मत नहीं है। यहाँ यह भी कह रखना जरूरी है कि पुस्तक में भिन्न–भिन्न साधन–मार्गों के ऐतिहासिक विकास की ओर ही अधिक ध्यान दिया गया है।

पुस्तक के अंत में उपयोगी समझकर 'कबीर–वाणी' नाम से कुछ चुने हुए पद्य संग्रह किए गए हैं। उनके शुरू के सौ पद श्री आचार्य क्षितिमोहन सेन के संग्रह के हैं। इन्हीं को कविवर रवींद्रनाथ ठाकुर ने अंग्रेजी में अनूदित किया था। आचार्य सेन ने इन पद्यों को लेने की अनुमति देकर हमें अनुग्रहीत किया है।

पुस्तक के इस संस्करण में यथासंभव संशोधन किया गया है। पुस्तक लंबी प्रतीक्षा के उपरांत पाठकों के समक्ष आ रही है। श्रीमती शीला संधू, प्रबंध निदेशिका, राजकमल प्रकाशन, प्रा.लि.दिल्ली को पुस्तक का नया रूप देकर शीघ्र प्रकाशित करने का श्रेय प्राप्त है। अनेक लेखकों और प्रकाशकों के अमूल्य ग्रंथों की सहायता न मिली होती तो पुस्तक लिखी ही न गई होती। जिन लोगों के मत का कहीं–कहीं विरोध करना पड़ा है उनके प्रति मेरी गंभीर श्रद्धा है। वस्तुतरू जिनके ऊपर श्रद्धा है उन्हीं के मतों की मैंने प्रतीक्षा की है। इनमें कई मेरे गुरुतुल्य हैं। सब लोगों के प्रति मैं अपनी कृतज्ञता प्रकट करता हूँ। – हजारी प्रसाद द्विवेदी,

14

कबीर की परिचई

कबीर की परिचई संत कबीरदास के चरित्र का परिचय है। भक्तिकाल में जिन महान कवियों और संतों ने अपने सरल जीवन और कृतित्व से जनता का कल्याण किया, उनके जीवन को सरल छन्दों में लिखने की प्रवृत्ति उनके अनुयायियों और भक्तों में उत्पन्न हुई। ऐसे ही महान संतों और कवियों में कबीर भी हुए, जिनके चरित्र का परिचय देने के लिए 'परिचई' लिखी गई।

इस 'परिचई' के लिखने वाले श्री अनन्तदासजी थे। उनका आविर्भाव पंद्रहवीं शताब्दी का उत्तरार्द्ध अर्थात संवत 1600 के आसपास माना जाता है।

कबीर परिचई की छरू प्रतियाँ उपलब्ध हैं। दो प्रतियाँ काशी नागरी प्रचारिणी सभा, काशीय एक हिन्दी साहित्य सम्मेलन, एक मलूकदास की गद्दी, कड़े मेंय एक पण्डित गणेशदत्त मिश्र और एक रामकुमार वर्मा (अध्यक्ष हिन्दी विभाग, इलाहाबाद विश्वविद्यालय) के पास है। रामकुमार वर्मा के पास की प्रति श्री सरबगोटिका वाणी नो

हजार के अंतर्गत है, जिसका लिपिकाल संवत 1842 पौष शुक्ल पंचमी मंगलवार है और लिपिकर्ता हैं साधु ब्रह्मदास, जो अमरदास के शिष्य और सेवादास के पोता शिष्य हैं।

इस परिचई में कबीर के जीवन की प्रमुख घटनाओं का उल्लेख किया गया है। इसमें कबीर के जीवन की तिथि तो नहीं दी गई, परंतु उनके 120 वर्ष तक जीवित रहने का उल्लेख है।

इस 'परिचई' से यह स्पष्ट होता है कि–

कबीर मुसलमान जुलाहे थे और काशी में निवास करते थे।

उन्होंने रामानन्द से दीक्षा प्राप्त की थी।

सिकन्दरशाह ने जब काशी में प्रवेश किया तो उसने कबीर पर अनेक अत्याचार किए।

परिचई में कबीर के आध्यात्मिक चमत्कारों का भी उल्लेख है। समस्त ग्रंथ चौपाई और दोहों में लिखा गया है। उदाहरणस्वरूप निम्नलिखित पंक्तियाँ देखिए–

चौपाई – "हम तौ भगति मुकति मैं आया। गुरु परसाद राम गुन गाया। राम भरोसै गिनौं न काहू। सब मिलि राजा रंक रिसाहू"

दोहा – "राषनहारा राम है, मारि न सकै कोइ। पातिसाह हूँ ना डरौं, करता करै सो होइ"

15
कबीर की अन्य प्रमुख रचनाएँ

साधो, देखो जग बौराना

साधो देखो जग बौराना ।

साँची कही तो मारन धावै झूठे जग पतियाना ।

हिन्दू कहत राम हमाराए मुसलमान रहमाना ।

आपस में दौऊ लड़ै मरत हैं। मरम कोई नहिं जाना ।

बहुत मिले मोहि नेमीए धर्मीए प्रात करे असनाना ।

आतम. छाँड़ि पषानै पूजैए तिनका थोथा ज्ञाना ।

आसन मारि डिंभ धरि बैठेए मन में बहुत गुमाना ।

पीपर. पाथर पूजन लागे तीरथ. बरत भुलाना ।

माला पहिरे टोपी पहिरे छाप. तिलक अनुमाना ।

साखी सब्दै गावत भूले आतम खबर न जाना ।

घर. घर मंत्र जो देन फिरत है। माया के अभिमाना ।

गुरुवा सहित शिष्य सब बूढ़े। अन्तकाल पछिताना ।

बहुत देखे पीर. औलिया। पढ़ै किताब. कुराना ।

करै मुरीदए कबर बतलावैं। उन हूँ खुदा न जाना ।

हिन्दू की दयाए मेहर तुरकन की दोनों घर से भागी ।

वह करै जिबह। वो झटका मारे। आग दोऊ घर लागी ।

या विधि हँसत चलत है। हमको आप कहा वै स्याना ।

कहै कबीर सुनो भाई साधो इनमें कौन दिवाना ।

**

कबीर की साखियाँ

कस्तूरी कुँडल बसै, मृग ढुढ़े बब माहि.
से घटि घटि राम हैं, दुनिया देखे नाहि..

**

प्रेम ना बाड़ी उपजे, प्रेम ना हाट बिकाय.
राजा प्रजा जेहि रुचे, सीस देई लै जाय ..

**

माला फेरत जुग गाया, मिटा ना मन का फेर.
कर का मन का छाड़ि, के मन का मनका फेर..

**

माया मुई न मन मुआ, मरि मरि गया शरीर.

आशा तृष्णा ना मुई, यों कह गये कबीर ..

**

झूठे सुख को सुख कहे, मानत है मन मोद.

खलक चबेना काल का, कुछ मुख में कुछ गोद..

**

वृक्ष कब हुँ नहि फल भखे, नदी न संचौ नीर.

परमारथ के कारण, साधु धरा शरीर..

**

साधु बड़े परमारथी, धन जो बरसै आय.

तपन बुझावे और की, अपनो पारस लाय..

**

सोना सज्जन साधु जन, टुटी जुड़ै सौ बार.

दुर्जन कुंभ कुम्हार के, एके धकै दरार..

**

जिहिं धरि साध न पूजिए, हरि की सेवा नाहिं.

ते घर मरघट सारखे, भूत बसै तिन माहिं..

**

मूरख संग ना कीजिए, लोहा जल ना तिराइ.

कदली, सीप, भुजंग–मुख, एक बूंद तिहँ भाइ..

**

तिनका कबहुँ ना निन्दिए, जो पायन तले होय.

कबहुँ उड़न आखन परै, पीर घनेरी होय..

**

बोली एक अमोल है, जो कोइ बोलै जानि.

हिये तराजू तौल के, तब मुख बाहर आनि..

**

ऐसी बानी बोलिए, मन का आपा खोय.

औरन को शीतल करे, आपहुँ शीतल होय..

**

लघता ते प्रभुता मिले, प्रभुत ते प्रभु दूरी.

चिट्टी लै सक्कर चली, हाथी के सिर धूरी..

**

निन्दक नियरे राखिये, आँगन कुटी छवाय.

बिन साबुन पानी बिना, निर्मल करे सुभाय..

**

मानसरोवर सुभर जल, हंसा केलि कराहिं.

मुकताहल मुकता चुगै, अब उड़ि अनत ना जाहिं..

**

हमन है इश्क मस्ताना

हमन है इश्क मस्ताना, हमन को होशियारी क्या

**

रहें आजाद या जग से, हमन दुनिया से यारी क्या

जो बिछुड़े हैं पियारे से, भटकते दर–ब–दर फिरते,

**

हमारा यार है हम में हमन को इंतजारी क्या

खलक सब नाम अनपे को, बहुत कर सिर पटकता है,

**

हमन गुरनाम साँचा है, हमन दुनिया से यारी क्या

न पल बिछुड़े पिया हमसे न हम बिछड़े पियारे से,

**

उन्हीं से नेह लागी है, हमन को बेकरारी क्या

कबीरा इश्क का माता, दुई को दूर कर दिल से,

जो चलना राह नाजुक है, हमन सिर बोझ भारी क्या

**

नीति के दोहे

प्रेम न बाड़ी ऊपजै, प्रेम न हाट बिकाय।

राजा परजा जेहि रूचौ, सीस देइ ले जाय।।

**

जब मैं था तब हरि नहीं, अब हरि हैं मैं नाहिं।

प्रेम गली अति साँकरी, तामें दो न समाहिं।।

**

जिन ढूँढा तिन पाइयाँ, गहरे पानी पैठ।
मैं बपुरा बूडन डरा, रहा किनारे बैठ।।

**

बुरा जो देखन मैं चला, बुरा न मिलिया कोय।
जो मन खोजा अपना, मुझ–सा बुरा न कोय।।

**

साँच बराबर तप नहीं, झूठ बराबर पाप।
जाके हिरदै साँच है, ताके हिरदै आप।।

**

बोली एक अनमोल है, जो कोई बोलै जानि।
हिये तराजू तौलि के, तब मुख बाहर आनि।।

**

अति का भला न बोलना, अति की भली न चूप।
अति का भला न बरसना, अति की भली न धूप।।

**

काल्ह करै सो आज कर, आज करै सो अब्ब।
पल में परलै होयगी, बहुरि करैगो कब्ब।

**

निंदक नियरे राखिए, आँगन कुटी छवाय।
बिन पानी, साबुन बिना, निर्मल करे सुभाय।।

**

दोस पराए देखि करि, चला हसंत हसंत।

अपने या न आवई, जिनका आदि न अंत।।

**

जाति न पूछो साधु की, पूछ लीजिए ग्यान।

मोल करो तलवार के, पड़ा रहन दो म्यान।।

**

सोना, सज्जन, साधुजन, टूटि जुरै सौ बार।

दुर्जन कुंभ–कुम्हार के, एकै धका दरार।।

**

पाहन पुजे तो हरि मिले, तो मैं पूजूँ पहाड़।

ताते या चाकी भली, पीस खाए संसार।।

**

काँकर पाथर जोरि कै, मस्जिद लई बनाय।

ता चढ़ मुल्ला बांग दे, बहिरा हुआ खुदाए।।

**

तेरा मेरा मनुवां

तेरा मेरा मनुवां कैसे एक होइ रे ।

**

मै कहता हौं आँखन देखी, तू कहता कागद की लेखी ।

मै कहता सुरझावन हारी, तू राख्यो अरुझाई रे

**

मै कहता तू जागत रहियो, तू जाता है सोई रे ।

मै कहता निरमोही रहियो, तू जाता है मोहि रे ।

**

जुगन–जुगन समझावत हारा, कहा न मानत कोई रे ।

तू तो रंगी फिरै बिहंगी, सब धन डारा खोई रे ।

**

सतगुरू धारा निर्मल बाहै, बामे काया धोई रे ।

कहत कबीर सुनो भाई साधो, तब ही वैसा होई रे ।

**

राम बिनु तन को ताप न जाई

राम बिनु तन को ताप न जाई ।

**

जल गें अगन रही अधिकाई

राम बिनु तन को ताप न जाई ।

**

तुम जलनिधि मैं जलकर मीना ।

जल में रहहि जलहि बिनु जीना ।

**

राम बिनु तन को ताप न जाई

तुम पिंजरा मैं सुवना तोरा ।

**

दरसन देहु भाग बड़ मोरा

राम बिनु तन को ताप न जाई

**

तुम सद्गुरु मैं प्रीतम चेला ।

कहै कबीर राम रमूं अकेला

राम बिनु तन को ताप न जाई

**

दिवाने मन, भजन बिना दुख पैहौ

पहिला जनम भूत का पै हौ, सात जनम पछिताहौउ।
काँटा पर का पानी पैहौ, प्यासन ही मरि जैहौ ।। १।।

**

दूजा जनम सुवा का पैहौ, बाग बसेरा लैहौ ।
टूटे पंख मडराने अधफड प्रान गवैहौ ।। २।।

**

बाजीगर के बानर होइ हौ, लकडिन नाच नचौहौ ।
ऊँच नीच से हाय पसरि हौ, माँगे भीख न पैहौ ।। ३।।

**

तेली के घर बैला होइहौ, आखिन ढाँपि ढंपैहौ ।
कोस पचास घरै माँ चलिहौ, बाहर होन न पैहौ ।। ४।।

**

पँचवा जनम ऊँट का पैहौ, बिन तोलन बोझ लदैहौ ।
बैठे से तो उठन न पैहौ, खुरच खुरच मरि जैहौ ।। ५।।

**

धोबी घर गदहा होइहौ, कटी घास नहिं पैंहौ ।
लदी लादि आपु चढि बैठे, लै घटे पहुँचौंहो ।। ६।।

**

पंछिन माँ तो कौवा होइहौ, करर करर गुहरैहौ ।
उडि के जय बैठि मैले थल, गहिरे चोंच लगैहौ ।। ७।।

**

सत्तनाम की हेर न करिहौ, मन ही मन पछितैहौउ ।
कहै कबीर सुनो भै साधो, नरक नसेनी पैहौ ।। ८।।

**

दिवाने मन, भजन बिना दुख पैहौ

पहिला जनम भूत का पै हौ, सात जनम पछिताहौउ।

कॉटा पर का पानी पैहौ, प्यासन ही मरि जैहौ ।।१।।

**

दूजा जनम सुवा का पैहौ, बाग बसेरा लैहौ ।

टूटे पंख मँडराने अधफड प्रान गँवैहौ ।। २।।

**

बाजीगर के बानर होइ हौ, लकडिन नाच नचौहौ ।

ऊँच नीच से हाय पसरि हौ, माँगे भीख न पैहौ ।। ३।।

**

तेली के घर बैला होइहौ, आँखिन ढाँपि ढँपैहौउ ।

कोस पचास घरै माँ चलिहौ, बाहर होन न पैहौ ।। ४।।

**

पँचवा जनम ऊँट का पैहो, बिन तोलन बोझ लदैहो ।

बैठे से तो उठन न पैहो, खुरच खुरच मरि जैहो ।। ५।।

**

धोबी घर गदहा होइहौ, कटी घास नहिं पैंहौ ।

लदी लादि आपु चढि बैठे, लै घटे पहुँचौंहो ।। ६।।

**

पंछिन माँ तो कौवा होइहौ, करर करर गुहरैहो ।

उडि के जय बैठि मैले थल, गहिरे चोंच लगैहो।। ७।।

**

सत्तनाम की हेर न करिहो, मन ही मन पछितैहोउ ।

कहै कबीर सुनो भै साधो, नरक नसेनी पैहो ।। ८।।

**

तूने रात गँवायी सोय के दिवस गँवाया खाय के

तूने रात गँवायी सोय के दिवस गँवाया खाय के।

हीरा जनम अमोल था कौड़ी बदले जाय।।

सुमिरन लगन लगाय के मुख से कछु ना बोल रे ।
बाहर का पट बंद कर ले अंतर का पट खोल रे ।।

**

माला फेरत जुग हुआ गया ना मन का फेर रे ।
गया ना मन का फेर रे ।।

**

हाथ का मनका छाँड़ि दे मन का मनका फेर।
दुख में सुमिरन सब करें सुख में करे न कोय रे ।।

**

जो सुख में सुमिरन करे तो दुख काहे को होय रे ।
सुख में सुमिरन ना किया दुख में करता याद रे ।।

**

दुख में करता याद रे ।
कहे कबीर उस दास की कौन सुने फरियाद

**

मन लाग्यो मेरो यार फकीरी में

जो सुख पाऊँ राम भजन में
सो सुख नाहिं अमीरी में
मन लाग्यो मेरो यार फकीरी में

**

भला बुरा सब का सुनलीजै
कर गुजरान गरीबी में
मन लाग्यो मेरो यार फकीरी में

**

आखिर यह तन छार मिलेगा
कहाँ फिरत मगरूरी में
मन लाग्यो मेरो यार फकीरी में

**

प्रेम नगर में रहनी हमारी
साहिब मिले सबूरी में
मन लाग्यो मेरो यार फकीरी में

**

कहत कबीर सुनो भयी साधो
साहिब मिले सबूरी में
मन लाग्यो मेरो यार फकीरी में
**

रे दिल गाफिल गफलत मत कर

रे दिल गाफिल गफलत मत कर,।
एक दिना जम आवेगा।।
**

सौदा करने या जग आया,।
पूँजी लाया, मूल गँवाया, ।।
**

प्रेमनगर का अन्त न पाया,।
ज्यों आया त्यों जावेगा ।।
**

सुन मेरे साजन, सुन मेरे मीता, ।
या जीवन में क्या क्या कीता, ।।
**

सिर पाहन का बोझा लीता,।
आगे कौन छुडावेगा ।। २।।
**

परलि पार तेरा मीता खडिया,।
उस मिलने का ध्यान न धरिया,।।
**

टूटी नाव उपर जा बैठा,
गाफिल गोता खावेगा ।। ३।।
**

दास कबीर कहै समुझाई,
अन्त समय तेरा कौन सहाई,

**

चला अकेला संग न कोई,
कीया अपना पावेगा ।। ४।।

**

गुरुदेव का अंग

राम–नाम कै पटंतरै, देबे कौं कछु नाहिं ।
क्या ले गुर संतोषि, हौंस रही मन माहिं।। 1।।

भावार्थ – सद्गुरु ने मुझे राम का नाम पकड़ा दिया है। मेरे पास ऐसा क्या है उस सममोल का, जो गुरु को दूँ क्या लेकर सन्तोष। करूँ उनका मन की अभिलाषा मन में ही रह गयी कि, क्या दक्षिणा चढ़ाऊँ वैसी वस्तु कहाँ से लाऊँ।

**

सतगुरु लई कमांण करि, बाहण लागा तीर ।
एक जु बाह्या प्रीति सूं, भीतरि रह्या शरीर ।। 2।।

भावार्थ – सदगुरु ने कमान हाथ में ले ली, और शब्द के तीर वे लगे चलान। एक तीर तो बड़ी प्रीति से ऐसा चला दिया लक्ष्य बनाकर कि, मेरे भीतर ही वह बिंध गया, बाहर निकलने का नहीं अब।

**

सतगुरु की महिमा अनंत, अनंत किया उपगार ।
लोचन अनंत उघाड़िया, अनंत–दिखावणहार ।। 3।।

भावार्थ – अन्त नहीं सद्गुरु की महिमा का, और अन्त नहीं उनके किये उपकारों का, मेरे अनन्त लोचन खोल दिये, जिनसे निरन्तर मैं अनन्त को देख रहा हूँ।

**

बलिहारी गुर आपणैं, द्यौंहाड़ी कै बार ।
जिनि मानिष तैं देवता, करत न लागी बार।। 4।।

भावार्थ – हर दिन कितनी बार न्यौछावर करूँ अपने आपको सद्गुरू पर, जिन्होंने एक पल में ही मुझे मनुष्य से परमदेवता बना दिया, और तदाकार हो गया मैं।

**

गुरु गोविन्द दोऊ खड़े, काके लागूं पायं ।
बलिहारी गुरु आपणे, जिन गोविन्द दिया दिखाय ।। 5।।

भावार्थ – गुरु और गोविन्द दोनों ही सामने खड़े हैं ,दुविधा में पड़ गया हूँ कि किसके पैर पकड़ूं ! सद्गुरु पर न्यौछावर होता हूं कि, जिसने गोविन्द को सामने खड़ाकर दिया, गोविनद से मिला दिया।

**

ना गुर मिल्या न सिष भया, लालच खेल्या डाव ।
दुन्यूं बूड़े धार मैं, चढ़ि पाथर की नाव ।। 6।।

भावार्थ – लालच का दाँव दोनों पर चल गया, न तो सच्चा गुरु मिला और न शिष्य ही जिज्ञासु बन पाया। पत्थर की नाव पर चढ़कर दोनों ही मझधार में डूब गये।

**

पीछैं लागा जाइ था, लोक बेद के साथि ।
आगैं थैं सतगुर मिल्या, दीपक दीया हाथि ।। 7।।

भावार्थ – मैं भी औरों की ही तरह भटक रहा था, लोक–वेद की गलियों में। मार्ग में गुरु मिल गये सामने आते हुए और ज्ञान का दीपक पकड़ा दिया मेरे हाथ में। इस उजेले में भटकना अब कैसा ।।

**

'कबीर' सतगुर ना मिल्या, रही अधूरी सीष ।
स्वांग जती का पहरि करि, घरि घरि माँगे भीष ।। 8।।

भावार्थ – कबीर कहते हैं –उनकी सीख अधूरी ही रह गयी कि जिन्हें सद्गुरु नहीं मिला। सन्यासी का स्वांग रचकर, भेष बनाकर घर–घर भीख ही माँगते फिरते हैं वे।।

**

सतगुरु हम सूं रीझि करि, एक कह्या परसंग ।
बरस्या बादल प्रेम का, भींजि गया सब अंग ।। 9।।

भावार्थ – एक दिन सद्गुरु हम पर ऐसे रीझे कि एक प्रसंग कह डाला,रस से भरा हुआ। और, प्रेम का बादल बरस उठा, अंग–अंग भीग गया उस वर्षा में।।

**

यह तन विष की बेलरी, गुरु अमृत की खान ।
सीस दिये जो गुर मिलै, तो भी सस्ता जान ।। 10।।

भावार्थ – यह शरीर तो बिष की लता हैं, बिषफल ही फलेंगे इसमें। और, गुरु तो अमृत की खान है। सिर चढ़ा देने पर भी सद्गुरु से भेंट हो जाय, तो भी यह सौदा सस्ता ही है।।

**

सुमिरण का अंग

भगति भजन हरि नांव है, दूजा दुक्ख अपार ।
मनसा बाचा क्रमनां 'कबीर' सुमिरण सार ।। 1।।

भावार्थ – हरि का नाम–स्मरण ही भक्ति है और वही भजन सच्चा है य भक्ति के नाम पर सारी साधनाएं केवल दिखावा है, और

अपार दुःख की हेतु भी। पर स्मरण वह होना चाहिए मन से, बचन से और कर्म से, और यही नाम–स्मरण का सार है।।

**

कबीर कहता जात हूँ, सुणता है सब कोई ।
राम करें भल होइगा, नहिंतर भला न होई ।। 2।।

भावार्थ – मैं हमेशा कहता हूँ, रट लगाये रहता हूँ, सब लोग सुनते भी रहते हैं–यही कि राम का स्मरण करने से ही भला होगा, नहीं तो कभी भला होनेवाला नहीं। पर राम का स्मरण ऐसा कि वह रोम–रोम में रम जाय।।

**

तू तू करता तू भया, मुझ में रही न हूँ ।
वारी फेरी बलि गई ,जित देखौं तित तूं ।। 3।।

भावार्थ – तू, ही है, तू ही है। यह करते–करते मैं तू ही हो गयी, हूँ। मुझमें कहीं भी नहीं रह गयी। उसपर न्यौछावर होते–होते मैं समर्पित हो गयी हूँ। जिधर भी नजर जाती है उधर तू–ही–तू दीख रहा है।।

**

'कबीर' सूता क्या करै, काहे न देखै जागि ।
जाको संग तैं बीछुड्या, ताही के संग लागि ।। 4।।

भावार्थ – कबीर अपने आपको चेता रहे हैं, अच्छा हो कि दूसरे भी चेत जायं। अरे, सोया हुआ तू क्या कर रहा है। जाग जा और अपने साथियों को देख, जो जाग गये हैं। यात्रा लम्बी है, जिनका साथ बिछड़ गया है और तू पिछड़ गया है, उनके साथ तू फिर लग जा।।

**

जिहि घटि प्रीति न प्रेम–रस, फुनि रसना नहीं राम ।
ते नर इस संसार में, उपजि खये बेकाम।। 5।।

भावार्थ – जिस घट में, जिसके अन्तर में न तो प्रीति है और न प्रेम का रस। और जिसकी रसना पर रामनाम भी नहीं – इस दुनिया में बेकार ही पैदा हुआ वह और बरबाद हो गया।।

**

'कबीर' प्रेम न चषिया, चषि न लीया साव ।
सूने घर का पाहुंणां, ज्यूं आया त्यूं जाव ।। 6।।

भावार्थ – कबीर धिक्कारते हुए कहते हैं – जिसने प्रेम का रस नहीं चखा, और चखकर उसका स्वाद नहीं लिया, उसे क्या कहा जाय। वह तो सूने घर का मेहमान है, जैसे आया था वैसे ही चला गया।।

**

राम पियारा छांड़ि करि, करै आन का जाप ।
बेस्यां केरा पूत ज्यूँ, कहै कौन सू बाप।। 7।।

भावार्थ – प्रियतम राम को छोड़कर जो दूसरे देवी–देवताओं को जपता है, उनकी आराधना करता है, उसे क्या कहा जाय। वेश्या का पुत्र किसे अपना बाप कहे। अनन्यता के बिना कोई गति नहीं।

**

लूटि सकै तौ लूटियौ, राम–नाम है लूटि ।
पीछैं हो पछिताहुगे, यहु तन जैहै छूटि ।। 8।।

भावार्थ – अगर लूट सको तो लूट लो, जी भर लूटो––यह राम नाम की लूट है। न लूटोगे तो बुरी तरह पछताओगे, क्योंकि तब यह तन छूट जायगा।।

**

लंबा मारग, दूरि घर, विकट पंथ, बहु मार ।
कहौ संतो, क्यूं पाइये, दुर्लभ हरि–दीदार ।। 9।।

भावार्थ – रास्ता लम्बा है, और वह घर दूर है, जहाँ कि पहुँचना है। लम्बा ही नहीं, उबड़–खाबड़ भी है। कितने ही बटमार वहाँ पीछे लग जाते हैं। संत भाइयों, बताओ तो कि हरि का वह दुर्लभ दीदार तब कैसे मिल सकता है।।

**

'कबीर' राम रिझाइ लै, मुखि अमृत गुण गाइ ।
फूटा नग ज्यूँ जोड़ि मन, संधे संधि मिलाइ ।। 10।।

भावार्थ – कबीर कहते हैं– अमृत–जैसे गुणों को गाकर तू अपने राम को रिझा ले। राम से तेरा मन–बिछुड़ गया है, उससे वैसे ही मिल जा, जैसे कोई फूटा हुआ नग सन्धि–से–सन्धि मिलाकर एक कर लिया जाता है।।

**

जर्णा का अंग

भारी कहौं तो बहु डरौं, हलका कहूं तौ झूठ ।
मैं का जाणौं राम कूं, नैनूं कबहूँ न दीठ ।। 1।।

भावार्थ–अपने राम को मैं यदि भारी कहता हूँ, तो डर लगता है, इसलिए कि कितना भारी है वह। और, उसे हलका कहता हूँ तो यह झूठ होगा। मैं क्या जानूँ उसे कि वह कैसा है, इन आँखों से तो उसे कभी देखा नही। सचमुच वह अनिर्वचनीय है, वाणी की पहुँच नहीं उस तक।

**

दीठा है तो कस कहूँ, कह्या न को पतियाय ।
हरि जैसा है तैसा रहो, तू हरषि–हरषि गुण गाइ ।। 2।।

भावार्थ – उसे यदि देखा भी है, तो वर्णन कैसे करूँ उसका ? वर्णन करता हूँ तो कौन विश्वास करेगा। हरि जैसा है, वैसा है। तू तो आनन्द में मग्न होकर उसके गुण गाता रह वर्णन के ऊहापोह में मन को न पड़ने दे।।

**

पहुँचेंगे तब कहैंगे, उमड़ैंगे उस ठांइ ।
अजहूँ बेरा समंद मैं, बोलि बिगूचौं कांइ ।। 3।।

भावार्थ – जब उस ठौर पर पहुँच जायंगे, तब देखेंगे कि क्या कहना है, अभी तो इतना ही कि वहाँ आनन्द–ही–आनन्द उमड़ेगा, और उसमें यह मन खूब खेलेगा। जबकि बेड़ा बीच समुद्र में है, तब व्यर्थ बोल–बोलकर क्यों किसी को दुविधा में डाला जाय कि –उस पार हम पहुँच गये हैं।।

**

पतिव्रता का अंग

मेरा मुझमें कुछ नहीं, जो कुछ है सो तोर ।
तेरा तुझकौं सौंपता, क्या लागै है मोर ।। 1।।

भावार्थ – मेरे साईं, मुझमें मेरा तो कुछ भी नहीं,जो कुछ भी है, वह सब तेरा ही। तब, तेरी ही वस्तु तुझे सौंपते मेरा क्या लगता है, क्या आपत्ति हो सकती है मुझे।।

**

'कबीर' रेख स्यंदूर की, काजल दिया न जाइ।
नैनूं रमैया रमि रह्या, दूजा कहाँ समाइ ।। 2।।

भावार्थ – कबीर कहते हैं–आँखों में काजल कैसे लगाया जाय, जबकि उनमें सिन्दूर की जैसी रेख उभर आयी है। मेरा रमैया नैनों में रम गया है, उनमें अब किसी और को बसा लेने की ठौर नहीं रही।

सिन्दूर की रेख से आशय है विरह–वेदना से रोते–रोते आँखें लाल हो गयी हैं।।

**

'कबीर' एक न जाण्यां, तो बहु जांण्या क्या होइ ।
एक तैं सब होत है, सब तैं एक न होइ ।। 3।।

भावार्थ – कबीर कहते हैं – यदि उस एक को न जाना, तो इन बहुतों को जानने से क्या हुआ। क्योंकि एक का ही तो यह सारा पसारा है, अनेक से एक थोड़े ही बना है।।

**

जबलग भगति सकामता, तबलग निर्फल सेव ।
कहै 'कबीर' वै क्यूं मिलैं, निहकामी निज देव ।। 4।।

भावार्थ –भक्ति जबतक सकाम है, भगवान की सारी सेवा तबतक निष्फल ही है। निष्कामी देव से सकामी साधक की भेंट कैसे हो सकती है।।

**

'कबीर' कलिजुग आइ करि, कीये बहुत जो मीत ।
जिन दिलबाँध्या एक सूं, ते सुखु सोवै निचींत ।। 5।।

भावार्थ – कबीर कहते हैं – कलियुग में आकर हमने बहुतों को मित्र बना लिया, क्योंकि (नकली) मित्रों की कोई कमी नहीं। पर जिन्होंने अपने दिल को एक से ही बाँध लिया, वे ही निश्चिन्त सुख की नींद सो सकते हैं।।

**

'कबीर' कूता राम का, मुतिया मेरा नाउं ।
गले राम की जेवड़ी, जित कैंचे तित जाउं ।। 6।।

भावार्थ – कबीर कहते हैं––मैं तो राम का कुत्ता हूँ, और नाम मेरा मुतिया (मोती) है गले में राम की जंजीर पड़ी हुई हैय उधर ही चला जाता हूँ जिधर वह ले जाता है। प्रेम के ऐसे बंधन में

मौज–ही–मौज है।

**

पतिबरता मैली भली, काली, कुचिल, कुरूप ।
पतिबरता के रूप पर, बारौं कोटि स्वरूप ।। 7।।

भावार्थ – पतिव्रता मैली ही अच्छी, काली मैली–फटी साड़ी पहने हुए और कुरूप। तो भी उसके रूप पर मैं करोंड़ों सुन्दरियों को न्यौछावर कर देता हूँ ।

**

पतिबरता मैली भली, गले काँच को पोत ।
सब सखियन में यों दिपै, ज्यों रवि ससि की जोत ।। 8।।

भावार्थ – पतिव्रता मैली ही अच्छी, जिसने सुहाग के नाम पर काँच के कुछ गुरिये पहन रखे हैं । फिर भी अपनी सखी–सहेलियों के बीच वह ऐसी दिप रही है, जैसे आकाश में सूर्य और चन्द्र की ज्योति जगमगा रही हो ।

**

कामी का अंग

परनारी राता फिरैं, चोरी बिढ़िता खाहिं।
दिवस चारि सरसा रहै, अंति समूला जाहिं।।1।।

भावार्थ – परनारी से जो प्रीति जोड़ते हैं और चोरी की कमाई खाते हैं, भले ही वे चार दिन फूले–फूले फिरें। किन्तु अन्त में वे जड़मूल से नष्ट हो जाते हैं।

**

परनारि का राचणौं, जिसी लहसण की खानि।
खूणैं बैसि र खाइए, परगट होइ दिवानि।। 2।।

भावार्थ – परनारी का साथ लहसुन खाने के जैसा है, भले ही कोई

किसी कोने में छिपकर खाये, वह अपनी बास से प्रकट हो जाता है।

**

भगति बिगाड़ी कामियाँ, इन्द्री केरै स्वादि।
हीरा खोया हाथ थैं, जनम गँवाया बादि।। 3।।

भक्ति को कामी लोगों ने बिगाड़ डाला है, इन्द्रियों के स्वाद में पड़कर, और हाथ से हीरा गिरा दिया, गँवा दिया। जन्म लेना बेकार ही रहा उनका।

**

कामी अमी न भावई, विष ही कौं लै सोधि।
कुबुद्धि न जाई जीव की, भावै स्यंभ रहौ प्रमोधि।। 4।।

भावार्थ – कामी मनुष्य को अमृत पसंद नहीं आता, वह तो जगह–जगह विष को ही खोजता रहता है । कामी जीव की कुबुद्धि जाती नहीं, चाहे स्वयं शम्भु भगवान् ही उपदेश दे–देकर उसे समझावें।

**

कामी लज्या ना करै, मन माहें अहिलाद।
नींद न मांगै सांथरा, भूख न मांगै स्वाद।। 5।।

भावार्थ – कामी मनुष्य को लज्जा नहीं आती कुमार्ग पर पैर रखते हुए, मन में बड़ा आह्लाद होता है उसे। नींद लगने पर यह नहीं देखा जाता कि बिस्तरा कैसा है, और भूखा मनुष्य स्वाद नहीं जानता, चाहे जो खा लेता है।

**

ग्यानी मूल गँवाइया, आपण भये करता।
ताथैं संसारी भला, मन में रहै डरता।। 6।।

ज्ञानी ने अहंकार में पड़कर अपना मूल भी गवाँ दिया,वह मानने लगा कि मैं ही सबका कर्ता–धर्त्ता हूँ। उससे तो संसारी आदमी ही अच्छा, क्योंकि वह डरकर तो चलता है कि कहीं कोई भूल न हो

जाय।

**

चांणक का अंग

इहि उदर कै कारणे, जग जाच्यों निस जाम ।
स्वामीं–पणो जो सिरि चढ्यो, सर्घयो न एको काम ।। 1।।

भावार्थ – इस पेट के लिए दिन–रात साधु का भेष बनाकर वह माँगता फिरा,और स्वामीपना उसके सिर पर चढ़ गया। पर पूरा एक भी काम न हुआ – न तो साधु हुआ और न स्वामी ही ।

**

स्वामी हूवा सीतका, पैकाकार पचास ।
रामनाम कांठै रह्या, करै सिषां की आस ।। 2।।

भावार्थ – स्वामी आज–कल मुफ्त में,या पैसे के पचास मिल जाते हैं, मतलब यह कि सिद्धियाँ और चमत्कार दिखाने और फैलाने वाले स्वामी रामनाम को वे एक किनारे रख देते हैं, और शिष्यों से आशा करते हैं लोभ में डूबकर ।

**

कलि का स्वामी लोभिया, पीतलि धरी खटाइ ।
राज–दुबारां यौ फिरै, ज्यूँ हरिहाई गाइ ।। 3।।

भावार्थ – कलियुग के स्वामी बड़े लोभी हो गये हैं, और उनमें विकार आ गया है, जैसे पीतल की बटलोई में खटाई रख देने से। राज–द्वारों पर ये लोग मान–सम्मान पाने के लिए घूमते रहते हैं, जैसे खेतों में बिगड़ैल गायें घुस जाती हैं।

**

कलि का स्वामी लोभिया, मनसा धरी बधाइ ।

दैंहि पईसा ब्याज कौं, लेखां करतां जाइ ।। 4 ।।

भावार्थ – कलियुग का यह स्वामी कैसा लालची हो गया है !लोभ बढ़ता ही जाता है इसका। ब्याज पर यह पैसा उधार देता है और लेखा–जोखा करने में सारा समय नष्ट कर देता है।

**

'कबीर' कलि खोटी भई, मुनियर मिलै न कोइ ।
लालच लोभी मसकरा, तिनकूँ आदर होइ ।। 5 ।।

भावार्थ – कबीर कहते हैं – बहुत बुरा हुआ इस कलियुग में, कहीं भी आज सच्चे मुनि नहीं मिलते । आदर हो रहा है आज लालचियों का, लोभियों का और मसखरों का ।

**

ब्राह्मण गुरू जगत का, साधू का गुरू नाहिं ।
उरझि–पुरझि करि मरि रह्या, चारिउँ बेदां माहिं ।। 6 ।।

भावार्थ – ब्राह्मण भले ही सारे संसार का गुरू हो, पर वह साध ु का गुरु नहिं हो सकता वह क्या गुरु होगा, जो चारों वेदों में उलझ–पुलझकर ही मर रहा है ।

**

चतुराई सूवै पढ़ी, सोई पंजर माहिं ।
फिरि प्रमोधै आन कौं, आपण समझै नाहिं ।। 7 ।।

भावार्थ – चतुराई तो रटते–रटते तोते को भी आ गई, फिर भी वह पिंजड़े में कैद है। औरों को उपदेश देता है, पर खुद कुछ भी नहीं समझ पाता ।

**

तीरथ करि करि जग मुवा, डूँधै पाणीं न्हाइ ।
रामहि राम जपंतडां, काल घसीट्यां जाइ ।। 8 ।।

भावार्थ – कितने ही ज्ञानाभिमानी तीर्थों में जा–जाकर और डुबकियाँ लगा–लगाकर मर गये जीभ से रामनाम का कोरा जप करने

वालों को काल घसीट कर ले गया ।

**

'कबीर' इस संसार कौं, समझाऊँ कै बार ।
पूँछ जो पकड़ै भेड़ की, उतर्घया चाहै पार ।। 9।।

भावार्थ – कबीर कहते हैं––कितनी बार समझाऊँ मैं इस बावली दुनिया को ! भेड़ की पूँछ पकड़कर पार उतरना चाहते हैं ये लोग ! अंध–रूढ़ियों में पड़कर धर्म का रहस्य समझना चाहते हैं ये लोग !,

**

'कबीर' मन फूल्या फिरैं, करता हूँ मैं ध्रंम ।
कोटि क्रम सिरि ले चल्या, चेत न देखै भ्रम ।। 10।।

भावार्थ – कबीर कहते हैं – फूला नहीं समा रहा है वह कि मैं धर्म करता हूँ, धर्म पर चलता हूँ, चेत नहीं रहा कि अपने इस भ्रम को देख ले कि धर्म कहाँ है, जबकि करोड़ों कर्मों का बोझ ढोये चला जा रहा है !

**

रस का अंग

'कबीर' भाठी कलाल की, बहुतक बैठे आइ ।
सिर सौंपे सोई पिवै, नहीं तौ पिया न जाई ।। 1।।

भावार्थ – कबीर कहते हैं – कलाल की भट्ठी पर बहुत सारे आकर बैठ गये हैं, पर इस मदिरा को एक वही पी सकेगा, जो अपना सिर कलाल को खुशी–खुशी सौंप देगा, नहीं तो पीना हो नहीं सकेगा। खकलाल है सद्गुरु, मदिरा है प्रभु का प्रेम–रस और सिर है अहंकार।

**

'कबीर' हरि–रस यौं पिया, बाकी रही न थाकि ।
पाका कलस कुंभार का, बहुरि न चढ़ई चाकि ।। 2।।

भावार्थ – कबीर कहते हैं – हरि का प्रेम–रस ऐसा छककर पी लिया कि कोई और रस पीना बाकी नहीं रहा। कुम्हार का बनाया जो घड़ा पक गया, वह दोबारा उसके चाक पर नहीं चढ़ता । ख्मतलब यह कि सिद्ध हो जाने पर साधक पार कर जाता है जन्म और मरण के चक्र को।,

**

हरि–रस पीया जाणिये, जे कबहुँ न जाइ खुमार ।
मैंमंता घूमत रहै, नाहीं तन की सार ।। 3।।

भावार्थ – हरि का प्रेम–रस पी लिया, इसकी यही पहचान है कि वह नशा अब उतरने का नहीं, चढ़ा सो चढ़ा। अपनापन खोकर मस्ती में ऐसे घूमना कि शरीर का भी मान न रहे ।

**

सबै रसाइण मैं किया, हरि सा और न कोइ ।
तिल इक घट मैं संचरै, तौ सब तन कंचन होई ।। 4।।

भावार्थ – सभी रसायनों का सेवन कर लिया मैंने, मगर हरि–रस–जैसी कोई और रसायन नहीं पायी । एक तिल भी घट में, शरीर में, यह पहुँच जाय, तो वह सारा ही कंचन में बदल जाता है। मैल जल जाता है वासनाओं का, और जीवन अत्यंत निर्मल हो जाता है।,

**

माया का अंग

'कबीर' माया पापणी, फंध ले बैठी हाटि ।
सब जग तौ फंधै पड्या, गया कबीरा काटि ।। 1।।

भावार्थ – यह पापिन माया फन्दा लेकर फँसाने को बाजार में आ

बैठी है । बहुत सारों पर फन्दा डाल दिया है इसने पर कबीर उसे काटकर साफ बाहर निकल आया हरि भक्त पर फन्दा डालनेवाली माया खुद ही फँस जाती है, और वह सहज ही उसे काट कर निकल आता है।,

**

'कबीर' माया मोहनी, जैसी मीठी खांड ।
सतगुरु की कृपा भई, नहीं तौ करती भांड ।। 2।।

भावार्थ – कबीर कहते हैं –यह मोहिनी माया शक्कर–सी स्वाद में मीठी लगती है, मुझ पर भी यह मोहिनी डाल देती पर न डाल सकी। सतगुरु की कृपा ने बचा लिया, नहीं तो यह मुझे भांड़ बना–कर छोड़ती। जहाँ–तहाँ चाहे जिसकी चाटुकारी मैं करता फिरता।

**

माया मुई न मन मुवा, मरि–मरि गया सरीर ।
आसा त्रिष्णां ना मुई, यों कहि गया 'कबीर' ।। 3।।

भावार्थ – कबीर कहते हैं ––न तो यह माया मरी और न मन ही मरा, शरीर ही बार–बार गिरते चले गये। मैं हाथ उठाकर कहता हूँ । न तो आशा का अंत हुआ और न तृष्णा का ही ।

**

'कबीर' सो धन संचिये, जो आगैं कूं होइ ।
सीस चढ़ावें पोटली, ले जात न देख्या कोइ ।। 4।।

भावार्थ – कबीर कहते हैं,––उसी धन का संचय करो न, जो आगे काम दे। तुम्हारे इस धन में क्या रखा है ? गठरी सिर पर रखकर किसी को भी आजतक ले जाते नहीं देखा ।

**

त्रिसणा सींची ना बुझै, दिन दिन बधती जाइ ।

जवासा के रूष ज्यूं, घण मेहां कुमिलाइ ।। 5।।

भावार्थ – कैसी आग है यह तृष्णा की !ज्यौं–ज्यौं इसपर पानी डालो, बढ़ती ही जाती है। जवासे का पौधा भारी वर्षा होने पर भी कुम्हला तो जाता है, पर मरता नहीं, फिर हरा हो जाता है।

**

कबीर जग की को कहै, भौजलि, बुड़ै दास ।
पारब्रह्म पति छाँड़ि करि, करैं मानि की आस ।। 6।।

भावार्थ – कबीर कहते हैं–दुनिया के लोगों की बात कौन कहे, भगवान के भक्त भी भवसागर में डूब जाते हैं। इसीलिए परब्रह्म स्वामी को छोड़कर वे दूसरों से मान–सम्मान पाने की आशा करते हैं।

**

माया तजी तौ क्या भया, मानि तजी नहीं जाइ ।
मानि बड़े मुनियर गिले, मानि सबनि को खाइ ।। 7।।

भावार्थ – क्या हुआ जो माया को छोड़ दिया, मान–प्रतिष्ठा तो छोड़ी नहीं जा रही। बड़े–बड़े मुनियों को भी यह मान–सम्मान सहज ही निगल गया। यह सबको चबा जाता है, कोई इससे बचा नहीं।

**

'कबीर' इस संसार का, झूठा माया मोह ।
जिहि घरि जिता बधावणा, तिहिं घरि तिता अंदोह ।। 8।।

भावार्थ–कबीर कहते हैं – झूठा है संसार का सारा माया और मोह। सनातन नियम यह है कि–जिस घर में जितनी ही बधाइयाँ बजती हैं, उतनी ही विपदाएँ वहाँ आती हैं ।

**

बुगली नीर बिटालिया, सायर चढ़्या कलंक ।
और पखेरू पी गये, हंस न बोवे चंच ।। 9।।

भावार्थ – बगुली ने चोंच डुबोकर सागर का पानी जूठा कर डाला! सागर सारा ही कलंकित हो गया उससे। और दूसरे पक्षी तो

उसे पी–पीकर उड़ गये, पर हंस ही ऐसा था, जिसने अपनी चोंच उसमें नहीं डुबोई ।

**

'कबीर' माया जिनि मिले, सौ बरियाँ दे बाँह ।
नारद से मुनियर मिले, किसो भरोसौ त्याँह ।।10।।

भावार्थ – कबीर कहते हैं –अरे भाई, यह माया तुम्हारे गले में बाहें डालकर भी सौ–सौ बार बुलाये, तो भी इससे मिलना–जुलना अच्छा नहीं। जबकि नारद–सरीखे मुनिवरों को यह समूचा ही निगल गई, तब इसका विश्वास क्या ?

**

कथनी–करणी का अंग

जैसी मुख तैं नीकसै, तैसी चालै चाल ।
पारब्रह्म नेड़ा रहै, पल में करै निहाल ।। 1।।

भावार्थ – मुँह से जैसी बात निकले, उसीपर यदि आचरण किया जाय, वैसी ही चाल चली जाय, तो भगवान् तो अपने पास ही खड़ा है, और वह उसी क्षण निहाल कर देगा ।

**

पद गाए मन हरषियां, साषी कह्यां अनंद ।
सो तत नांव न जाणियां, गल में पड़िया फंद ।। 2।।

भावार्थ – मन हर्ष में डूब जाता है पद गाते हुए, और साखियाँ कहने में भी आनन्द आता है। लेकिन सारतत्व को नहीं समझा, और हरिनाम का मर्म न समझा, तो गले में फन्दा ही पड़नेवाला है ।

**

मैं जाण्यूं पढिबौ भलो, पढ़बा थैं भलौ जोग ।

राम–नाम सूं प्रीति करि, भल भल नींदौ लोग ।। 3।।

भावार्थ – पहले मैं समझता था कि पोथियों का पढ़ना बड़ा अच्छा है, फिर सोचा कि पढ़ने से योग–साधन कहीं अच्छा है। पर अब तो इस निर्णय पर पहुँचा हूँ कि रामनाम से ही सच्ची प्रीति की जाय, भले ही अच्चौ–अच्छे लोग मेरी निन्दा करें।

**

'कबीर' पढ़िबो दूरि करि, पुस्तक देइ बहाइ ।
बावन आषिर सोधि करि, 'ररै' 'ममै' चित्त लाइ ।। 4।।

भावार्थ – कबीर कहते हैं ––पढ़ना लिखना दूर कर, किताबों को पानी में बहा दे। बावन अक्षरों में से तू तो सार के ये दो अक्षर ढूँढ़कर ले ले–'रकार' और 'मकार'। और इन्हीं में अपने चित्त को लगा दे ।

**

पोथी पढ़ पढ़ जग मुवा, पंडित भया न कोय ।
ऐकै आषिर पीव का, पढ़ै सो पंडित होइ ।। 5।।

भावार्थ – पोथियाँ पढ़–पढ़कर दुनिया मर गई, मगर कोई पण्डित नहीं हुआ। पण्डित तो वही हो सकता है, जिसने प्रियतम प्रभु का केवल एक अक्षर पढ़ लिया। पाठान्तर है ढाई आखर प्रेम काश अर्थात प्रेम शब्द के जिसने ढाई अक्षर पढ़ लिये, अपने जीवन में उतार लियर, उसी को पण्डित कहना चाहिए।,

**

करता दीसै कीरतन, ऊँचा करि–करि तुंड ।
जानें–बूझै कुछ नहीं, यौंहीं आंधां रूंड ।। 6।।

भावार्थ – हमने देखा ऐसों को, जो मुख को ऊँचा करके जोर–जोर से कीर्तन करते हैं। जानते–समझते तो वे कुछ भी नहीं कि क्या तो सार है और क्या असार। उन्हें अन्धा कहा जाय, या कि बिना

सिर का केवल रुण्ड ?

**

सांच का अंग

लेखा देणां सोहरा, जे दिल सांचा होइ ।
उस चंगे दीवान में, पला न पकड़ै कोइ ।। 1।।

भावार्थ – दिल तेरा अगर सच्चा है, तो लेना–देना सारा आसान हो जायगा। उलझन तो झूठे हिसाब–किताब में आ पड़ती है, जब साईं के दरबार में पहुँचेगा, तो वहाँ कोई तेरा पल्ला नहीं पकड़ेगा, क्योंकि सब कुछ तेरा साफ–ही–साफ होगा।

**

साँच कहूं तो मारिहैं, झूठे जग पतियाइ ।
यह जग काली कूकरी, जो छेड़ै तो खाय ।। 2।।

भावार्थ – सच–सच कह देता हूँ तो लोग मारने दौड़ेंगे, दुनिया तो झूठ पर ही विश्वास करती है। लगता है, दुनिया जैसे काली कुतिया है, इसे छेड़ दिया, तो यह काट खायेगी।

**

यहु सब झूठी बंदिगी, बरियाँ पंच निवाज ।
सांचौ मारे झूठ पढ़ि, काजी करै अकाज ।। 3।।

भावार्थ – काजी भाई ! तेरी पाँच बार की यह नमाज झूठी बन्दगी है, झूठी पढ़–पढ़कर तुम सत्य का गला घोंट रहे हो, और इससे दुनिया की और अपनी भी हानि कर रहे हो। क्यों नहीं पाक दिल से सच्ची बन्दगी करते हो ?,

**

सांच बराबर तप नहीं, झूठ बराबर पाप ।
जिस हिरदे में सांच है, ता हिरदै हरि आप ।। 4।।

भावार्थ – सत्य की तुलना में दूसरा कोई तप नहीं, और झूठ के बराबर दूसरा पाप नहीं। जिसके हृदय में सत्य रम गया, वहाँ हरि का वास तो सदा रहेगा ही ।

**

प्रेम–प्रीति का चोलना, पहिरि कबीरा नाच ।
तन–मन तापर वारहूँ, जो कोइ बोलै सांच ।। 5।।

भावार्थ – प्रेम और प्रीति का ढीला–ढाला कुर्ता पहनकर कबीर मस्ती में नाच रहा है, और उसपर तन और मन की न्यौछावर कर रहा है, जो दिल से सदा सच ही बोलता है।

**

काजी मुल्लां भ्रंमियां, चल्या दुनीं कै साथ ।
दिल थैं दीन बिसारिया, करद लई जब हाथ ।। 6।।

भावार्थ – ये काजी और मुल्ले तभी दीन के रास्ते से भटक गये और दुनियादारों के साथ–साथ चलने लगे, जब कि इन्होंने जिबह करने के लिए हाथ में छुरी पकड़ ली दीन के नाम पर।

**

साईं सेती चोरियां, चोरां सेती गुझ ।
जाणैंगा रे जीवणा, मार पड़ैगी तुझ ।। 7।।

भावार्थ – वाह ! क्या कहने हैं, साईं से तो तू चोरी और दुराव करता है और दोस्ती कर ली है चोरों के साथ ! जब उस दरबार में तुझ पर मार पड़ेगी, तभी तू असलियत को समझ सकेगा ।

**

खूब खांड है खीचड़ी, माहि पड्याँ टुक लूण ।
पेड़ा रोटी खाइ करि, गल कटावे कूण ।। 8।।

भावार्थ – क्या ही बढ़िया स्वाद है मेरी इस खिचड़ी का ! जरा–सा, बस, नमक डाल लिया है पेड़े और चुपड़ी रोटियाँ खा–खाकर कौन अपना गला कटाये ?

**

भ्रम–बिधोंसवा का अंग

जेती देखौं आत्मा, तेता सालिगराम ।
साधू प्रतषि देव हैं, नहीं पाथर सूं काम ।। 1।।

भावार्थ – जितनी ही आत्माओं को देखता हूँ, उतने ही शालिग्राम दीख रहे हैं। प्रत्यक्ष देव तो मेरे लिए सच्चा साधु है। पाषाण की मूर्ति पूजने से क्या बनेगा मेरा ?

**

जप तप दीसैं थोथरा, तीरथ ब्रत बेसास ।
सूवै सैंबल सेविया, यौं जग चल्या निरास ।। 2।।

भावार्थ – कोरा जप और तप मुझे थोथा ही दिखायी देता है, और इसी तरह तीर्थों और व्रतों पर विश्वास करना भी। सुवे ने भ्रम में पड़कर सेमर के फूल को देखा, पर उसमें रस न पाकर निराश हो गया वैसी ही गति इस मिथ्या–विश्वासी संसार की है ।

**

तीरथ तो सब बेलड़ी, सब जग मेल्या छाइ ।
'कबीर' मूल निकंदिया, कौंण हलाहल खाइ ।। 3।।

भावार्थ – तीर्थ तो यह ऐसी अमरबेल है, जो जगत रूपी वृक्ष पर बुरी तरह छा गई है। कबीर ने इसकी जड़ ही काट दी है, यह देखकर कि कौन विष का पान करे !

**

मन मथुरा दिल द्वारिका, काया कासी जाणि ।
दसवां द्वारा देहुरा, तामैं जोति पिछाणि ।। 4 ।।

भावार्थ – मेरा मन ही मेरी मथुरा है, और दिल ही मेरी द्वारिका है, और यह काया मेरी काशी है। दसवाँ द्वार वह देवालय है, जहाँ आत्म–ज्योति को पहचाना जाता है। दसवें द्वार से तात्पर्य है, योग के अनुसार ब्रह्मरन्ध्र से।,

**

'कबीर' दुनिया देहुरै, सीस नवांवण जाइ ।
हिरदा भीतर हरि बसै, तू ताही सौं ल्यौ लाइ ।। 5 ।।

भावार्थ – कबीर कहते हैं –यह नादान दुनिया, भला देखो तो, मन्दिरों में माथा टेकने जाती है। यह नहीं जानती कि हरि का वास तो हृदय में है , तब वहीं पर क्यों न लौ लगायी जाय ?

**

साध–असाध का अंग

जेता मीठा बोलणा, तेता साध न जाणि ।
पहली थाह दिखाइ करि, उंडै देसी आणि ।। 1 ।।

भावार्थ – उनको वैसा साधु न समझो, जैसा और जितना वे मीठा बोलते हैं। पहले तो नदी की थाह बता देते हैं कि कितनी और कहाँ है, पर अन्त में वे गहरे में डुबो देते हैं। सो मीठी–मीठी बातों में न आकर अपने स्वयं के विवेक से काम लिया जाये ।,

**

उज्ज्वल देखि न धीजिये, बग ज्यूं मांडै ध्यान ।
धौरे बैठि चपेटसी, यूं ले बूड़ै ग्यान ।। 2 ।।

भावार्थ – ऊपर–ऊपर की उज्ज्वलता को देखकर न भूल जाओ,

उस पर विश्वास न करो। उज्ज्वल पंखों वाला बगुला ध्यान लगाये बैठा है, कोई भी जीव–जन्तु पास गया, तो उसकी चपेट से छूटने का नहीं ।खद्‌म्भी का दिया ज्ञान भी मंझधार में डुबो देगा।,

**

'कबीर' संगत साध की, कदे न निरफल होइ ।
चंदन होसी बांवना, नींब न कहसी कोइ ।। 3।।

भावार्थ – कबीर कहते हैं – साधु की संगति कभी भी व्यर्थ नहीं जाती, उससे सुफल मिलता ही है। चन्दन का वृक्ष बावना अर्थात् छोटा–सा होता है, पर उसे कोई नीम नहीं कहता, यद्यपि वह कहीं अधिक बड़ा होता है ।

**

'कबीर' संगति साध की, बेगि करीजै जाइ ।
दुर्मति दूरि गंवाइसी, देसी सुमति बताइ ।। 4।।

भावार्थ – साधु की संगति जल्दी ही करो, भाई, नहीं तो समय निकल जायगा । तुम्हारी दुर्बुद्धि उससे दूर हो जायगी और वह तुम्हें सुबुद्धि का रास्ता पकड़ा देगी ।

**

मथुरा जाउ भावै द्वारिका, भावै जाउ जगनाथ ।
साध–संगति हरि–भगति बिन, कछू न आवै हाथ ।। 5।।

भावार्थ – तुम मथुरा जाओ, चाहे द्वारिका, चाहे जगन्नाथपुरी, बिना साधु–संगति और हरि–भक्ति के कुछ भी हाथ आने का नहीं ।

**

मेरे संगी दोइ जणा, एक वैष्णौ एक राम ।
वो है दाता मुकति का, वो सुमिरावै नाम ।। 6।।

भावार्थ – मेरे तो ये दो ही संगी साथी हैं – एक तो वैष्णव, और दूसरा राम। राम जहाँ मुक्ति का दाता है, वहाँ वैष्णव नाम–स्मरण

कराता है। तब और किसी साथी से मुझे क्या लेना–देना ?

**

'कबीर' बन बन में फिरा, कारणि अपणैं राम ।
राम सरीखे जन मिले, तिन सारे सबरे काम ।। 7।।

भावार्थ –कबीर कहते हैं – अपने राम को ढूँढ़ते–ढूँढ़ते एक बन में से मैं दूसरे बन में गया, जब वहाँ मुझे स्वयं राम के सरीखे भक्त मिल गये, तो उहोंने मेरे सारे काम बना दिये । मेरा वन वन का भटकना तभी सफल हुआ।

**

जानि बूझि सांचहि तजै, करैं झूठ सूं नेहु ।
ताकी संगति रामजी, सुपिनें ही जिनि देहु ।। 8।।

भावार्थ –जो मनुष्य जान–बूझकर सत्य को छोड़ देता है, और असत्य से नाता जोड़ लेता है। हे राम! सपने में भी कभी मुझे उसका साथ न देना ।

**

'कबीर' तास मिलाइ, जास हियाली तू बसै ।
नहिंतर बेगि उठाइ, नित का गंजन को सहै ।। 9।।

भावार्थ – कबीर कहते हैं – मेरे साईं, मुझे तू किसी ऐसे से मिला दे, जिसके ह्रदय में तू बस रहा हो, नहीं तो दुनिया से मुझे जल्दी ही उठा ले। रोज–रोज की यह पीड़ा कौन सहे ?

**

संगति का अंग

हरिजन सेती रूसणा, संसारी सूँ हेत ।
ते नर कदे न नीपजैं, ज्यूं कालर का खेत ।। 1।।

भावार्थ – हरिजन से तो रूठना और संसारी लोगों के साथ प्रेम करना – ऐसों के अन्तर में भक्ति–भावना कभी उपज नहीं सकती, जैसे खारवाले खेत में कोई भी बीज उगता नहीं ।

**

मूरख संग न कीजिए, लोहा जलि न तिराइ ।
कदली–सीप–भूवंग मुख, एक बूंद तिहँ भाइ ।। 2।।

भावार्थ – मूर्ख का साथ कभी नहीं करना चाहिए, उससे कुछ भी फलित होने का नहीं । लोहे की नाव पर चढ़कर कौन पार जा सकता है ? वर्षा की बूँद केले पर पड़ी, सीप में पड़ी और सांप के मुख में पड़ी – परिणाम अलग–अलग हुए– कपूर बन गया, मोती बना और विष बना।

**

माषी गुड़ मैं गड़ि रही, पंख रही लपटाइ ।
ताली पीटै सिरि धुनैं, मीठैं बोई माइ ।। 3।।

भावार्थ – मक्खी बेचारी गुड़ में धंस गई, फंस गई, पंख उसके चेप से लिपट गये ।मिठाई के लालच में वह मर गई, हाथ मलती और सिर पीटती हुई।

**

ऊँचे कुल क्या जनमियां, जे करनी ऊँच न होइ ।
सोवरन कलस सुरै भर्ध्या, साधू निंदा सोइ ।। 4।।

भावार्थ – ऊँचे कुल में जन्म लेने से क्या होता है, यदि करनी ऊँची न हुई ? साधुजन सोने के उस कलश की निन्दा ही करते हैं, जिसमें कि मदरा भरी हो।

**

'कबीर' खाई कोट की, पानी पिवै न कोइ ।
जाइ मिलै जब गंग से, तब गंगोदक होइ ।। 5।।

भावार्थ – कबीर कहते हैं – किले को घेरे हुए खाई का पानी कोई नहीं पीता, कौन पियेगा वह गंदला पानी ? पर जब वही पानी गंगा में जाकर मिल जाता है, तब वह गंगोदक बन जाता है, परम पवित्र !

**

कबीरश तन पंषो भया, जहाँ मन तहाँ उड़ि जाइ ।
जो जैसी संगति करै, सो तैसे फल खाइ ।। 6।।

भावार्थ – कबीर कहते हैं – यह तन मानो पक्षी हो गया है, मन इसे चाहे जहाँ उड़ा ले जाता है। जिसे जैसी भी संगति मिलती है– संग और कुसंग – वह वैसा ही फल भोगता है। मतलब यह कि मन ही अच्छी और बुरी संगति मे ले जाकर वैसे ही फल देता है।,

**

काजल केरी कोठड़ी, तैसा यहु संसार ।
बलिहारी ता दास की, पैसि निकसणहार ।। 7।।

भावार्थ – यह दुनिया तो काजल की कोठरी है, जो भी इसमें पैठा, उसे कुछ–न–कुछ कालिख लग ही जायगी। धन्य है उस प्रभु–भक्त को, जो इसमें पैठकर बिना कालिख लगे साफ निकल आता है।

**

मन का अंग

'कबीर' मारूँ मन कूं, टूक–टूक ह्वै जाइ ।
बिष की क्यारी बोइ करि, लुणत कहा पछिताइ ।। 1।।

भावार्थ – इस मन को मैं ऐसा मारूँगा कि वह टूक–टूक हो जाय। मन की ही करतूत है यह, जो जीवन की क्यारी में विष के बीज मैंने बो दिये, उन फलों को तब लेना ही होगा, चाहे कितना ही

पछताया जाय।

**

आसा का ईंधण करूँ, मनसा करूँ बिभूति ।
जोगी फेरि फिल करूँ, यौं बिनना वो सूति ।। 2।।

भावार्थ – आशा को जला देता हूँ ईंधन की तरह, और उस राख को तन पर रमाकर जोगी बन जाता हूँ। फिर जहाँ–जहाँ फेरी लगाता फिरूँगा, जो सूत इक्ट्ठा कर लिया है उसे इसी तरह बुनूँगा। ख्मतलब यह कि आशाएँ सारी जलाकर खाक कर दूँगा और निस्पृह होकर जीवन का क्रम इसी ताने–बाने पर चलाऊँगा।,

**

पाणी ही तै पातला, धुवां ही तै झीण ।
पवनां बेगि उतावला, सो दोसत 'कबीर' कीन्ह ।। 3।।

भावार्थ – कबीर कहते हैं कि ऐसे के साथ दोस्ती करली है मैंने जो पानी से भी पतला है और धुएं से भी ज्यादा झीना है। पर वेग और चंचलता उसकी पवन से भी कहीं अधिक है। पूरी तरह काबू में किया हुआ मन ही ऐसा दोस्त है।,

**

'कबीर' तुरी पलाणियां, चाबक लीया हाथि ।
दिवस थकां सांई मिलौं, पीछै पड़िहै राति ।। 4।।

भावार्थ – कबीर कहते हैं –ऐसे घोड़े पर जीन कस ली है मैंने, और हाथ में ले लिया है चाबुक, कि सांझ पड़ने से पहले ही अपने स्वामी से जा मिलूँ। बाद में तो रात हो जायगी, और मंजिल तक नहीं पहुँच सकूँगा।

**

मैमन्ता मन मारि रे, घट ही माहैं घेरि ।

जबहिं चालै पीठि दे, अंकुस दै–दै फेरि ।। 5।।

भावार्थ – मद–मत्त हाथी को, जो कि मन है, घर में ही घेरकर कुचल दो। अगर यह पीछे को पैर उठाये, तो अंकुश दे–देकर इसे मोड़ लो।

**

कागद केरी नाव री, पाणी केरी गंग ।
कहै कबीर कैसे तिरूँ, पंच कुसंगी संग ।। 6।।

भावार्थ – कबीर कहते हैं ––नाव यह कागज की है, और गंगा में पानी–ही–पानी भरा है। फिर साथ पाँच कुसंगियों का है, कैसे पार जा सकूँगा ? पाँच कुसंगियों से तात्पर्य है पाँच चंचल इन्द्रियों से।,

**

मनह मनोरथ छाँड़ि दे, तेरा किया न होइ ।
पाणी में घीव नीकसै, तो रूखा खाइ न कोइ ।। 7।।

भावार्थ – अरे मन ! अपने मनोरथों को तू छोड़ दे, तेरा किया कुछ होने–जाने का नहीं। यदि पानी में से ही घी निकलने लगे, तो कौन रूखी रोटी खायगा? मतलब यह कि मन तो पानी की तरह है, और घी से तात्पर्य है आत्म–दर्शन।,

**

चितावणी का अंग

'कबीर' नौबत आपणी, दिन दस लेहु बजाइ ।
ए पुर पाटन, ए गली, बहुरि न देखै आइ ।। 1।।

भावार्थ – कबीर कहते हैं–– अपनी इस नौबत को दस दिन और बजालो तुम। फिर यह नगर, यह पट्टन और ये गलियाँ देखने को नहीं

मिलेंगी ? कहाँ मिलेगा ऐसा सुयोग, ऐसा संयोग, जीवन सफल करने का, बिगड़ी बात को बना लेने।

**

जिनके नौबति बाजती, मैंगल बंधते बारि ।
एकै हरि के नाव बिन, गए जनम सब हारि ।। 2।।

भावार्थ – पहर–पहर पर नौबत बजा करती थी जिनके द्वार पर, और मस्त हाथी जहाँ बँधे हुए झूमते थे। वे अपने जीवन की बाजी हार गये। इसलिए कि उन्होंने हरि का नाम–स्मरण नहीं किया।

**

इक दिन ऐसा होइगा, सब सूं पड़ै बिछोह ।
राजा राणा छत्रपति, सावधान किन होइ ।। 3।।

भावार्थ – एक दिन ऐसा आयगा ही, जब सबसे बिछुड़ जाना होगा। तब ये बड़े–बड़े राजा और छत्र–धारी राणा क्यों सचेत नहीं हो जाते ? कभी–न–कभी अचानक आ जाने वाले उस दिन को वे क्यों याद नहीं कर रहे ?

**

'कबीर' कहा गरबियौ, काल गहै कर केस ।
ना जाणै कहाँ मारिसी, कै घरि कै परदेस ।। 4।।

भावार्थ – कबीर कहते हैं –यह गर्व कैसा, जबकि काल ने तुम्हारी चोटी को पकड़ रखा है? कौन जाने वह तुम्हें कहाँ और कब मार देगा ! पता नहीं कि तुम्हारे घर में ही, या कहीं परदेश में ।

**

बिन रखवाले बाहिरा, चिड़िया खाया खेत ।
आधा–परधा ऊबरे, चेति सकै तो चेति ।। 5।।

भावार्थ – खेत एकदम खुला पड़ा है, रखवाला कोई भी नहीं । चिड़ियों ने बहुत कुछ उसे चुग लिया है। चेत सके तो अब भी चेत जा, जाग जा, जिससे कि आधा–परधा जो भी रह गया हो, वह बच जाय ।

**

कहा कियौ हम आइ करि, कहा कहैंगे जाइ ।
इत के भये न उत के, चाले मूल गंवाइ ।। 6।।

भावार्थ – हमने यहाँ आकर क्या किया ? और साईं के दरबार में जाकर क्या कहेंगे ? न तो यहाँ के हुए और न वहाँ के ही – दोनों ही ठौर बिगाड़ बैठे। मूल भी गवाँकर इस बाजार से अब हम बिदा ले रहे हैं।

**

'कबीर' केवल राम की, तू जिनि छाँड़े ओट ।
घण–अहरनि बिचि लौह ज्यूं, घणी सहै सिर चोट ।। 7।।

भावार्थ – कबीर कहते हैं, चेतावनी देते हुए – राम की ओट को तू मत छोड़, केवल यही तो एक ओट है। इसे छोड़ दिया तो तेरी वही गति होगी, जो लोहे की होती है, हथौड़े और निहाई के बीच आकर तेरे सिर पर चोट–पर–चोट पड़ेगी। उन चोटों से यह ओट ही तुझे बचा सकती है।

**

उजला कपड़ा पहरि करि, पान सुपारी खाहिं ।
एकै हरि के नाव बिन, बाँधे जमपुरि जाहिं ।। 8।।

भावार्थ – बढ़िया उजले कपड़े उन्होंने पहन रखे हैं, और पान–सुपारी खाकर मुँह लाल कर लिया है अपना। पर यह साज–सिंगार अन्त में बचा नहीं सकेगा, जबकि यमदूत बाँधकर ले जायंगे। उस दिन केवल हरि का नाम ही यम–बंधन से छुड़ा सकेगा।

**

नान्हा कातौ चित्त दे, महँगे मोल बिकाइ।

गाहक राजा राम है, और न नेड़ा आइ ।। 9।।

भावार्थ – खूब चित्त लगाकर महीन–से–महीन सूत तू चरखे पर कात, वह बड़े महँगे मोल बिकेगा। लेकिन उसका गाहक तो केवल राम है, कोई दूसरा उसका खरीदार पास फटकने का नहीं ।

**

मैं–मैं बड़ी बलाइ है, सकै तो निकसो भाजि।

कब लग राखौ हे सखी, रूई लपेटी आगि ।। 10।।

भावार्थ – यह मैं –मैं बहुत बड़ी बला है । इससे निकलकर भाग सको तो भाग जाओ। अरी सखी, रुई में आग को लपेटकर तू कबतक रख सकेगी ? राग की आग को चतुराई से ढककर भी छिपाया और बुझाया नहीं जा सकता।,

**

भेष का अंग

माला पहिरे मनमुषी, ताथैं कछू न होई ।

मन माला कौं फेरता, जग उजियारा सोइ ।। 1।।

भावार्थ –– लोगों ने यह 'मनमुखी' माला धारण कर रखी है, नहीं समझते कि इससे कोई लाभ होने का नहीं। माला मन ही की क्यों नहीं फेरते ये लोग ? 'इधर' से हटाकर मन को 'उधर' मोड़ दें, जिससे सारा जगत जगमगा उठे। आत्मा का प्रकाश फैल जाय और भर जाय सर्वत्र।,

**

'कबीर' माला मन की, और संसारी भेष ।

माला पहयां हरि मिलै, तौ अरहट कै गलि देखि ।। 2।।

भावार्थ – कबीर कहते हैं – सच्ची माला तो अचंचल मन की ही है, बाकी तो संसारी भेष है मालाधारियों का। यदि माला पहनने से ही हरि से मिलन होता हो, तो रहट को देखो, हरि से क्या उसकी भेंट हो गई, इतनी बड़ी माला गले में डाल लेने से ?

**

माला पहयां कुछ नहीं, भगति न आई हाथ।

माथौ मूँछ मुँडाइ करि, चल्या जगत के साथ ।। 3।।

भावार्थ – यदि भक्ति तेरे हाथ न लगी, तो माला पहनने से क्या होना–जाना? केवल सिर मुँड़ा लिया और मूँछें मुँड़ा लीं – बाकी व्यवहार तो दुनियादारों के जैसा ही है तेरा।

**

साईं सेती सांच चलि, औरां सूं सुध भाई।

भावै लम्बे केस करि, भावै घुरड़ि मुंडाइ ।। 4।।

भावार्थ –स्वामी के प्रति तुम सदा सच्चे रहो, और दूसरों के साथ सहज–सीधे भाव से बरतो फिर चाहे तुम लम्बे बाल रखो या सिर को पूरा मुँड़ा लो। वह मालिक भेष को नहीं देखता, वह तो सच्चों का गाहक है।,

**

केसों कहा बिगाड़िया, जो मुँडै सौ बार ।

मन को काहे न मूंडिये, जामैं बिषय–बिकार ।। 5।।

भावार्थ –बेचारे इन बालों ने क्या बिगाड़ा तुम्हारा,जो सैकड़ों बार मूँड़ते रहते हो अपने मन को मूँड़ो न, उसे साफ करलो न, जिसमें विषयों के विकार–ही–विकार भरे पड़े हैं।

**

स्वांग पहरि सोरहा भया, खाया पीया खूंदि।
जिहि सेरी साधू नीकले, सो तौ मेल्ही मूंदि ।। 6।।

भावार्थ – वाह! खूब बनाया यह साधु का स्वांग ! अन्दर तुम्हारे लोभ भरा हुआ है और खाते पीते हो ठूंस–ठूंस कर, जिस गली में से साधु गुजरता है, उसे तुमने बन्द कर रखा है ।

**

बैसनों भया तौ क्या भया, बूझा नहीं बबेक ।
छापा तिलक बनाइ करि, दगध्या लोक अनेक ।। 7।।

भावार्थ –इस तरह वैष्णव बन जाने से क्या होता है, जब कि विवेक को तुमने समझा नहीं ! छापे और तिलक लगाकर तुम स्वयं विषय की आग में जलते रहे, और दूसरों को भी जलाया।

**

तन कों जोगी सब करै, मन कों बिरला कोइ ।
सब सिधि सहजै पाइये, जे मन जोगी होइ ।। 8।।

भावार्थ – तन के योगी तो सभी बन जाते हैं, ऊपरी भेषधारी योगी। मगर मन को योग के रंग में रँगनेवाला बिरला ही कोई होता है। यह मन अगर योगी बन जाय, तो सहज ही सारी सिद्धियाँ सुलभ हो जायंगी।

**

पष ले बूड़ी पृथमीं, झूठे कुल की लार ।
अलष बिर्सायो भेष मैं, बूड़े काली धार ।। 9।।

भावार्थ – किसी–न–किसी पक्ष को लेकर, वाद में पड़कर और कुल की परम्पराओं को अपनाकर यह दुनिया डूब गई है। भेष ने 'अलख' को भुला दिया। तब काली धार में तो डूबना ही था।

**

चतुराई हरि ना मिलै, ए बातां की बात ।
एक निसप्रेही निरधार का, गाहक गोपीनाथ ।।10।।

भावार्थ – कितनी ही चतुराई करो, उसके सहारे हरि मिलने का नहीं, चतुराई तो सारी–बातों–ही–बातों की है। गोपीनाथ तो एक उसीका गाहक है, उसीको अपनाता है। जो निस्पृह और निराधार होता है। दुनिया की इच्छाओं में फँसे हुए और जहाँ–तहाँ अपना आश्रय खोजनेवाले को दूसरा कौन खरीद सकता है, कौन उसे अंगीकार कर सकता है ?,

**

बेसास का अंग

रचनहार कूं चीन्हि लै, खैबे कूं कहा रोइ ।
दिल मंदिर मैं पैसि करि, ताणि पछेवड़ा सोइ ।। 1।।

भावार्थ – क्या रोता फिरता है खाने के लिए ? अपने सरजनहार को पहचान ले न ! दिल के मंदिर में पैठकर उसके ध्यान में चादर तानकर तू बेफिक्र सो जा।

**

भूखा भूखा क्या करैं, कहा सुनावै लोग ।
भांडा घड़ि जिनि मुख दिया, सोई पूरण जोग ।। 2।।

भावार्थ –अरे, द्वार–द्वार पर क्या चिल्लाता फिरता है कि मैं भूखा हूँ, मैं भूखा हूँ? भांडा गढ़कर जिसने उसका मुँह बनाया, वही उसे भरेगा, रीता नहीं रखेगा।

**

'कबीर' का तू चिंतवै, का तेरा च्यंत्या होइ।

अणच्यंत्या हरिजी करैं, जो तोहि च्यंत न होइ ।। 3।।

भावार्थ – कबीर कहते हैं – क्यों व्यर्थ चिंता कर रहा है? चिंता करने से क्या होगा? जिस बात को तूने कभी सोचा नहीं, जिसकी चिंता नहीं की, उस अ–चिंतित को भी तेरा साईं पूरा कर देगा ।

**

संत न बांधै गाठड़ी, पेट समाता–लेइ ।

साईं सूँ सनमुख रहै, जहाँ मांगै तहां देइ ।। 4।।

भावार्थ – संचय करके संत कभी गठरी नहीं बाँधता । उतना ही लेता है, जितने की दरकार पेट को हो । साईं ! तू तो सामने खड़ा है, जो भी जहाँ माँगूँगा, वह तू वहीं दे देगा ।

**

मानि महातम प्रेम–रस, गरवातण गुण नेह ।

ए सबहीं अहला गया, जबहीं कह्या कुछ देह ।। 5।।

भावार्थ – जब भी किसी ने किसी से कहा कि कुछ दे दो, श समझलो कि तब न तो उसका सम्मान रहा, न बड़ाई, न प्रेम–रस , और न गौरव, और न कोई गुण और न स्नेह ही।

**

मांगण मरण समान है, बिरला बंचौ कोई ।

कहै 'कबीर' रघुनाथ सूं, मति रे मंगावै मोहि ।। 6।।

भावार्थ– कबीर रघुनाथजी से प्रार्थना करता है कि, मुझे किसीसे कभी कुछ माँगना न पड़े क्योंकि माँगना मरण के समान है, बिरला ही कोई इससे बचा है ।

**

कबीर सब जग हंडिया, मांदल कंधि चढ़ाइ ।

हरि बिन अपना कोउ नहीं, देखे ठोकि बजाइ ।। 7।।

भावार्थ – कबीर कहते हैं – सारे संसार में एक मन्दिर से दूसरे मन्दिर का चक्कर मैं काटता फिरा, बहुत भटका कंधे पर कांवड़ रखकर पूजा की सामग्री के साथ। सारे देवी देवताओं को देख लिया, ठोकबजाकर परख लिया, पर हरि को छोड़कर ऐसा कोई नहीं मिला, जिसे मैं अपना कह सकूं ।

**

सूरातन का अंग

गगन दमामा बाजिया, पड्या निसानैं घाव।

खेत बुहार्ध्या सूरिमै, मुझ मरणे का चाव।। 1।।

भावार्थ – गगन में युद्ध के नगाड़े बज उठे, और निशान पर चोट पड़ने लगी। शूरवीर ने रणक्षेत्र को झाड़–बुहारकर तैयार कर दिया, तब कहता है कि अब मुझे कट–मरने का उत्साह चढ़ रहा है।

**

'कबीर' सोई सूरिमा, मन सूं मांडै झूझ।

पंच पयादा पाड़ि ले, दूरि करै सब दूज।। 2।।

भावार्थ – कबीर कहते हैं – सच्चा सूरमा वह है, जो अपने वैरी मन से युद्ध ठान लेता है, पाँचों पयादों को जो मार भगाता है, और द्वैत को दूर कर देता है। पाँच पयादे, अर्थात काम, क्रोध, लोभ, मोह और मत्सर। द्वैत अर्थात् जीव और ब्रह्म के बीच भेद–भावना।,

**

'कबीर' संसा कोउ नहीं, हरि सूं लाग्गा हेत।

काम क्रोध सूं झूझणा, चौड़ै मांड्या खेत।। 3।।

भावार्थ – कबीर कहते हैं –– मेरे मन में कुछ भी संशय नहीं रहा, और हरि से लगन जुड़ गई। इसीलिए चौड़े में आकर काम और क्रोध से जूझ रहा हूँ रण–क्षेत्र में।

**

सूरा तबही परषिये, लड़ै धणी के हेत।

पुरिजा–पुरिजा ह्वै पड़ै, तऊ न छांड़ै खेत।। 4।।

भावार्थ – शूरवीर की तभी सच्ची परख होती है, जब वह अपने स्वामी के लिए जूझता है। पुर्जा–पुर्जा कट जाने पर भी वह युद्ध के क्षेत्र को नहीं छोड़ता।

**

अब तौ झूझ्या हीं बणै, मुड़ि चाल्यां घर दूर।

सिर साहिब कौं सौंपतां, सोच न कीजै सूर।। 5।।

भावार्थ – अब तो झूझते बनेगा, पीछे पैर क्या रखना ? अगर यहाँ से मुड़ोगे तो घर तो बहुत दूर रह गया है। साईं को सिर सौंपते हुए सूरमा कभी सोचता नहीं, कभी हिचकता नहीं।

**

जिस मरनैं थैं जग डरै, सो मेरे आनन्द।

कब मरिहूं, कब देखिहूं पूरन परमानंद।। 6।।

भावार्थ – जिस मरण से दुनिया डरती है, उससे मुझे तो आनन्द होता है, कब मरूँगा और कब देखूँगा मैं अपने पूर्ण सच्चिदानन्द को !

**

कायर बहुत पमांवहीं, बहकि न बोलै सूर।

काम पड्यां हीं जाणिये, किस मुख परि है नूर।। 7।।

भावार्थ – बड़ी–बड़ी डींगे कायर ही हाँका करते हैं, शूरवीर कभी

बहकते नहीं। यह तो काम आने पर ही जाना जा सकता है कि शूरवीरता का नूर किस चेहरे पर प्रकट होता है।

**

'कबीर' यह घर पेम का, खाला का घर नाहिं।
सीस उतारे हाथि धरि, सो पैसे घर माहिं।। 8।।

भावार्थ – कबीर कहते हैं – यह प्रेम का घर है, किसी खाला का नहीं, वही इसके अन्दर पैर रख सकता है, जो अपना सिर उतारकर हाथ पर रखले। सीस अर्थात अहंकार। पाठान्तर है 'भुइं धर'। यह पाठ कुछ अधिक सार्थक जचता है। सिर को उतारकर जमीन पर रख देना, यह हाथ पर रख देने से कहीं अधिक शूर–वीरता और निरहंकारिता को व्यक्त करता है।,

**

'कबीर' निज घर प्रेम का, मारग अगम अगाध।
सीस उतारि पग तलि धरै, तब निकट प्रेम का स्वाद।। 9।।

भावार्थ – कबीर कहते हैं –अपना खुद का घर तो इस जीवात्मा का प्रेम ही है। मगर वहाँ तक पहुँचने का रास्ता बड़ा विकट है, और लम्बा इतना कि उसका कहीं छोर ही नहीं मिल रहा। प्रेम रस का स्वाद तभी सुगम हो सकता है, जब कि अपने सिर को उतारकर उसे पैरों के नीचे रख दिया जाय।

**

प्रेम न खेतौं नीपजै, प्रेम न हाटि बिकाइ।
राजा परजा जिस रुचौ, सिर दे सो ले जाइ।। 10।।

भावार्थ – अरे भाई ! प्रेम खेतों में नहीं उपजता, और न हाट–बाजार में बिका करता है यह महँगा है और सस्ता भी – यों कि राजा हो या प्रजा, कोई भी उसे सिर देकर खरीद ले जा सकता है।

**

'कबीर' घोड़ा प्रेम का, चेतनि चढ़ि असवार।

ग्यान खड़ग गहि काल सिरि, भली मचाई मार।। 11।।

भावार्थ – कबीर कहते हैं – क्या ही मार–धाड़ मचा दी है इस चेतन शूरवीर ने।सवार हो गया है प्रेम के घोड़े पर। तलवार ज्ञान की ले ली है, और काल–जैसे शत्रु के सिर पर वह चोट– पर–चोट कर रहा है।

**

जेते तारे रैणि के, तेतै बैरी मुझ।

धड़ सूली सिर कंगुरैं, तऊ न बिसारौं तुझ।। 12।।

भावार्थ – मेरे अगर उतने भी शत्रु हो जायं, जितने कि रात में तारे दीखते हैं, तब भी मेरा धड़ सूली पर होगा और सिर रखा होगा गढ़ के कंगूरे पर, फिर भी मैं तुझे भूलने का नहीं।

**

सिरसाटें हरि सेविये, छांड़ि जीव की बाणि।

जे सिर दीया हरि मिलै, तब लगि हाणि न जाणि।।13।।

भावार्थ – सिर सौंपकर ही हरि की सेवा करनी चाहिए। जीव के स्वभाव को बीच में नहीं आना चाहिए। सिर देने पर यदि हरि से मिलन होता है, तो यह न समझा जाय कि वह कोई घाटे का सौदा है।

**

'कबीर' हरि सबकूं भजै, हरि कूं भजै न कोइ।

जबलग आस सरीर की, तबलग दास न होइ।। 14।।

भावार्थ – कबीर कहते हैं –हरि तो सबका ध्यान रखता है,सबका स्मरण करता है, पर उसका ध्यान–स्मरण कोई नहीं करता। प्रभु का भक्त तबतक कोई हो नहीं सकता, जबतक देह के प्रति आशा और आसक्ति है।

**

जीवन–मृतक का अंग

कबीर मन मृतक भया, दुर्बल भया सरीर ।
तब पैंडे लागा हरि फिरै, कहत कबीर ,कबीर ।।1।।

भावार्थ – कबीर कहते हैं –मेरा मन जब मर गया और शरीर सूखकर कांटा हो गया, तब, हरि मेरे पीछे लगे फिरने मेरा नाम पुकार–पुकारकर–अय कबीर ! अय कबीर !श– उलटे वह मेरा जप करने लगे।

**

जीवन थैं मरिबो भलौ, जो मरि जानैं कोइ ।
मरनैं पहली जे मरै, तो कलि अजरावर होइ ।। 2।।

भावार्थ – इस जीने से तो मरना कहीं अच्छा य मगर मरने–मरने में अन्तर है। अगर कोई मरना जानता हो, जीते–जीते ही मर जाय। मरने से पहले ही जो मर गया, वह दूसरे ही क्षण अजर और अमर हो गया ।खजिसने अपनी वासनाओं को मार दिया, वह शरीर रहते हुए भी मृतक अर्थात मुक्त है।,

**

आपा मेट्या हरि मिलै, हरि मेट्या सब जाइ ।
अकथ कहाणी प्रेम की, कह्यां न कोउ पत्याइ ।। 3।।

भावार्थ – अहंकार को मिटा देने से ही हरि से भेंट होती है, और हरि को मिटा दिया, भुला दिया, तो हानि–ही–हानि है। प्रेम की कहानी अकथनीय है। यदि इसे कहा जाय तो कौन विश्वास करेगा ?

**

जीवन–मृतक का अंग

कबीर मन मृतक भया, दुर्बल भया सरीर ।

तब पैंडे लागा हरि फिरै, कहत कबीर ,कबीर ।।1।।

भावार्थ – कबीर कहते हैं –मेरा मन जब मर गया और शरीर सूखकर कांटा हो गया, तब, हरि मेरे पीछे लगे फिरने मेरा नाम पुकार–पुकारकर–अय कबीर ! अय कबीर !श– उलटे वह मेरा जप करने लगे।

**

जीवन थैं मरिबो भलौ, जो मरि जानैं कोइ ।

मरनैं पहली जे मरै, तो कलि अजरावर होइ ।। 2।।

भावार्थ – इस जीने से तो मरना कहीं अच्छा य मगर मरने–मरने में अन्तर है। अगर कोई मरना जानता हो, जीते–जीते ही मर जाय। मरने से पहले ही जो मर गया, वह दूसरे ही क्षण अजर और अमर हो गया ।खजिसने अपनी वासनाओं को मार दिया, वह शरीर रहते हुए भी मृतक अर्थात मुक्त है।,

**

आपा मेट्या हरि मिलै, हरि मेट्या सब जाइ ।

अकथ कहाणी प्रेम की, कह्यां न कोउ पत्याइ ।। 3।।

भावार्थ – अहंकार को मिटा देने से ही हरि से भेंट होती है, और हरि को मिटा दिया, भुला दिया, तो हानि–ही–हानि है। प्रेम की कहानी अकथनीय है। यदि इसे कहा जाय तो कौन विश्वास करेगा ?

**

'कबीर' चेरा संत का, दासनि का परदास ।

कबीर ऐसैं होइ रह्या, ज्यूं पाऊँ तलि घास ।। 4।।

भावार्थ – कबीर सन्तों का दास है, उनके दासों का भी दास है। वह ऐसे रह रहा है, जैसे पैरों के नीचे घास रहती है ।

**

रोड़ा ह्वै रहो बाट का, तजि पाषंड अभिमान ।

ऐसा जे जन ह्वै रहै, ताहि मिलै भगवान ।। 5।।

भावार्थ – पाखण्ड और अभिमान को छोड़कर तू रास्ते पर का कंकड़ बन जा। ऐसी रहनी से जो बन्दा रहता है, उसे ही मेरा मालिक मिलता है।

**